プロ野球　人生の選択

昭和・平成プロ野球
あの選手はなぜ生き残ったのか？

二宮清純

廣済堂新書

本文写真提供　日刊スポーツ

はじめに

誰にでも「人生の選択」のときがある。

進学、就職、結婚、離婚、転職（独立）……といった傍目《はため》にもわかる節目はもちろんだが、もっと細かく言えば、職場内での配置転換や新しい仕事へのチャレンジ、あるいは逆に事業からの撤退といったことも含まれるだろう。

自らつかみ取る「選択」もあれば、半ば強制的に「選択させられる」こともある。リストラでクビを切られたサラリーマンが、やむをえず独立・起業するといったなし崩し的な「選択」も増えている。

ありていに言えばそれは人生の転機であり、そこにあるのは人生の明と暗、光と陰。もっとも、自ら選択し、つかみ取った道だから成功するとはかぎらない。なぜなら、そこは人生のゴールではなく、新しいチャレンジの出発点にすぎないからだ。逆に、自らの意思に反した選択を余儀なくされた者たちが必ずしも不幸になるわけでもない。逆境をバネにして成功をつかみ取った例は枚挙に暇がない。

プロ野球ではどうか。

プロ野球の場合、この職場に足を踏み入れることができた、ということ自体がまずは世間的には「成功」とみなされる。この職場は、望んだからといって誰もが立ち入れる場所ではないからだ。

そこは、選びに選び抜かれた宝石の原石だけが拾い上げられる、超エリートたちの職場である。野球の腕にひとかどの自信を持った選りすぐりの若者たちが、この職場で成功することを夢見て門をくぐるのだ。

このように、この世界は足を踏み入れるのも大変だが、生き残っていくのはもっと大変である。各球団が抱える選手の数には制限がある。どの球団もその枠ぎりぎりまで選手を保有しているから、毎年一〇〇人以上の新人が入ってくるということは、それと同等数の選手が去ることを意味している。

そのなかには、ある程度の実績を残し、「任意引退」という形でユニフォームを脱ぐ者もいる。またトレードによって、球団から球団へ移籍するケースもある。これらの選手は濃淡の差はあれ、それぞれに野球をまっとうしたか、野球を続けるのだからまだいい。圧倒的に多いのは、いわゆる戦力外通告による「自由契約（早い話がクビ）」だ。再就職もままならず、いつの間にかプロ野球名鑑から名前が消えていくケースだ。

プロ野球選手の在籍年数は五年足らず、というデータもある。一八歳、あるいは二〇歳そこそこで入って五年ならばまだ二〇代前半。一般社会ならば見習い期間があけてようやく自分がやるべき仕事の姿形が見えてきた、といった時期ではないだろうか。プロ野球という職場は、そうした年頃の青年から、野球という職業自体を容赦なく取り上げる。それもかなり高い確率で。給料の安いうちは置いてもらえる、といった甘い世界ではないのだ。

なんとか一軍選手の座をつかみとった一握りの選手たちにしても、その先の道のりはまた困難に満ちている。一見才能だけの世界に見えるプロ野球の世界でも、球団の事情やコーチや監督との相性、使われ方の運不運、強力なライバルの有無といったことに大きく左右されるからだ。

またひと口に「才能」といっても、プロのレベルでいうそれは生半可なものではない。一五〇キロ投げたからといって成功が約束されている世界ではないのだ。

この秋、広島の顔とも呼べる選手が引退した。一六年に名球会入りを果たした新井貴浩である。誰に聞いても新井ほど「下手くそ」な選手はいなかったという。九九年にドラフト六位で入団したのも、いってみれば縁故採用だった。広島のヘッドコーチをしていた大下剛史が駒澤大学の太田誠監督から「こいつは就職先がないから、オマエ、広島に連れて帰ってくれんか」と頼まれたのがきっかけだった。

ほとんどのコーチが「不器用」「三流」とさじを投げかけた。しかし、彼には誰にも真似のできない「才能」があった。それは「頑丈な肉体」である。どんなに厳しい練習を課しても音を上げないのだ。

また精神的にもタフだった。先輩にいじられても笑い飛ばし、後輩にからかわれても一切、気にしなかった。

入団時の監督・達川光男は「三年でクビになると思っていた」と語った。それが二〇年もプレーし、二二〇〇安打（二〇一八年九月五日現在）を記録した。数字だけ見れば大選手である。

ドラフト六位入団、努力の末のレギュラー獲得、阪神への涙のFA移籍、そして広島に復帰して二五年ぶりの優勝に貢献、初のMVP。近年、彼ほど起伏に富んだ野球人生を歩んだ選手を、私は他に知らない。彼こそ「人生の選択」の真の勝者であったと言えよう。

二宮清純

プロ野球　人生の選択

目次

第一章　平成最後の「人生の選択」

第二章 「野球は天職ではない」と言った二人の天才

第三章 松井秀喜の選択

第四章 あがく男たちの選択

第五章 監督たちの選択

第六章 二番手からの野球人生

第七章 「遅い球で勝負」する男

本書は二〇〇三年に廣済堂出版より刊行された『プロ野球「人生の選択」』に新原稿を加え、大幅に加筆・修正、再編集した作品です。

第一章

平成最後の「人生の選択」

辻発彦――監督という選択は不意に巡ってきた

リーグ優勝五回、日本一三回の名将・野村克也が講演で好んで使うフレーズがある。「男で生まれてきて、なってみたいものは三つある。オーケストラの指揮者と連合艦隊の司令長官、そしてプロ野球（ＮＰＢ）の監督だ」

選手としての優勝と監督としての優勝は、どちらがうれしいか。野村は「そんなもの比べ物にならない」と語ったものだ。戦略を描き、戦術を駆使し、用兵に知恵を絞る。その挙げ句の優勝で得られるカタルシスこそは、野村の言葉を借りれば、「男の本懐」ということになる。

とはいえ、ＮＰＢにおける監督の椅子は、わずか一二。現政権の大臣の椅子（一九）より少ない。

なろうと思ってなれるものではない。選手やコーチ時代の実績はもちろん大事だが、それはあくまでも必要条件であって必要十分条件ではない。わずかばかりの運も要る。

二〇一七年から埼玉西武ライオンズの指揮を執っている辻発彦は、私見を述べれば、もう少し早く監督になってもよかった人物である。選手として一〇回（うち日本一七回）。コーチとして三回（同二回）の優勝は、その実績だけを見れば、超の字のつく監督の有資格者だ。野球を知悉《ちしつ》し、コーチになってからは選手育成に定評があった。日本代表が世界一となった〇六年の第一回ＷＢＣでは内野守備・走塁コーチとして王貞治監督を支えた。

逆に言えば、だからこそ時の監督は有能なコーチである辻を手放したくなかったのである。

だが不意にチャンスは巡ってきた。一六年秋、辻のケータイに一本の電話が入った。古巣西武の球団本部長からだった。

「監督をやってもらいたいんです」

「……とりあえず家に来てもらえませんか」

辻は中日の一軍作戦兼内野守備コーチをしていた。魅力的なオファーではあったが、まずは所属球団の許可を得なければならない。

当時のＧＭは、監督時代に自らを中日に招き入れた落合博満である。

「何の役で誘われたんだ？」

「監督です」

「だったら頑張れ。応援するよ。コーチなら出さないけど、監督なら話は別だ」

こうして辻は二二年ぶりにライオンズのユニフォームに袖を通すことになった。

「赤ん坊」扱いだった一年目

託されたミッションは名門再建――。一六年は優勝した北海道日本ハムに二三ゲーム差を付けられての四位。低迷の要因は、リーグワーストとなる一〇一個の失策数。「ディフェンシブ・ファースト」。原点に立ち返り、足元を見つめる。そこから辻の改革はスタートした。

開幕から二カ月がたった。目下、西武は二六勝二一敗。まずまずの出だしである（一七年六月一日現在）。


文化放送の解説者として古巣の試合に目を光らせるアニヤンこと松沼博久は言う。

「辻監督が目指しているのは黄金期の走攻守にスキのない野球。失策数も、今年はかなり減っています（リーグ三位の少なさ）。辻カラーが出ているのはライトとショート。ライトの木村文紀は打撃はまだまだですが、彼が入ったことで外野が引き締まった。守備は一級品ですから。

ショートの源田壮亮《げんだそうすけ》については、キャンプの時から守備力を買って〝アイツを使う〟と明言していました。僕らは〝でもバッティングが……〟と思っていましたが、監督は全くブレなかった。ここまで全試合に出場し、打率も三割一厘（六月一日現在）。彼が二番に入ったことで打線につながりも出てきました」

続いては黄金期の西武で二遊間を組んだ石毛宏典の辻評。

「南郷のキャンプで会った時、〝今年はメンバーを固定しろよ〟と言ったんです。というのも西武が強い時は、ほとんど不動のメンバーだった。二遊間はオレと辻、ファーストは清原和博、キャッチャーは伊東勤。外野は秋山幸二、平野謙、ＤＨにはオレステス・デストラーデがいた。それは辻も同じ考えだったみたいで、今年は源田、秋山翔吾、浅村栄斗、エルネスト・メヒア、木村文が今のところ全試合に出場している。中村剛也も休んだのは一試合だけ。徐々に辻イズムが浸透しつつあるんじゃないかな」

辻には自他ともに認める師匠がいる。西武に入団した時の監督・広岡達朗だ。

一九八四年、辻はドラフト二位で社会人野球の名門・日本通運から入団した。即戦力内野手として高い評価を受けていたものの、広岡にすれば「赤ん坊」も同然だった。

辻は語ったものだ。

「入団一年目のキャンプ、僕は最初、ノックすら受けさせてもらえなかった。〝まだ早い〟と。ファウルグラウンドの空いているところに連れていかれ、いきなりポンと目の前にボールを置かれた。〝これを捕れ〟とね」

社会人時代は名手と呼ばれた辻だが、こんな指導を受けるのは初めてだ。

その心は――。

「要するに足を使って捕れということなんです。手だけで捕りにいくなと……」

広岡から「辻を一人前にしてくれ」と命じられたのが当時の総合コーチ黒江透修だ。

広岡が黒江を〝指導教官〟に選んだのには理由がある。実は黒江こそは広岡の弟子第一号なのだ。「僕は六四年に巨人に入団した。先輩のショートが広岡さんです。当時の巨人は広島への行き帰りは急行の二等寝台車を利用していた。今で言えばグリーン車ですよ。

二段ベッドで僕が上で広岡さんが下。広島からの帰り、図々しくも先輩に、〝どうしたら僕は使ってもらえますか?〟と聞いた。広岡さん、ムスッとしていましたよ。しかし、あまりにも僕がしつこいので、ついに答えてくれた。〝オマエのグラブ捌《さば》きじゃ首脳陣は恐くて使えないよ〟と」

黒江は広岡の教えを、そのまま辻に伝授した。

「コロコロとボールを転がす。腰を下ろし、左足の前で捕る。来る日も来る日もその繰り返し。それによって随分うまくなりましたよ」

〝際〟を制する者が勝負を制する

セカンドでの八度のゴールデングラブ賞受賞は史上最多である。

「辻には何度助けられたかわからない」

七年間、西武でともにプレーした松沼は言う。

「足元を抜かれ、〝しまった!〟と思って振り向くと、必ずそこには辻がいた。しかも捕ってからの切り返しが速く、送球も正確。捕った後、辻は〝どうだ、やったぞ！〟みたいな顔をして、僕にサインを送る。アウトとヒットじゃ大違い。本当に彼には乗せられました」

二遊間を組んでいた石毛も「心強い仲間だった」と言う。

「辻は僕よりも二つ年下で、僕より三年遅れでライオンズに入ってきた。入ってきた頃は、それほど目立つ選手じゃなかったんだけど、人一倍、向上心が強かった。見る見るうちにうまくなりました。僕の送球が悪いと〝ここに放れよ〟という目をして怒っている。こっちは〝ハイハイ、ごめんね〟と。当時の選手は先輩だろうが後輩だろうが言うことは言う。遠慮しない雰囲気がありましたよ」

だれが名付けたか「守備職人辻」。恐らくグラブの縫製技術にその名をとどめているのは辻だけだろう。

現役時代、辻は「久保田スラッガー」のグラブを愛用していた。もっと捕球面を浅く、広く使いたい。そんな希望をメーカー側が具現化したのが世にいう〝辻トジ〟だ。

文字にするのは難しいが、グラブを浅く、広く使うために小指のすぐ下のところに余分に三本のヒモを通した。この独特の縫製技術を、そう呼ぶのである。

グラブのつくり方にまでこだわった理由を、辻はこう説明する。

「僕が一番重視するのは〝球際〟なんです。ここで捕るか抜かれるか。たったひとつのプレーで試合の流れは変わるんです。僕はグラブから半分手を出しながら捕ったこともある。もう執念ですよ。だから勝負の〝際〟に強い選手を育てたい」

アマチュアの俊英たちが集うのがプロの世界である。そこで生き残るには〝際〟に強くなければならない。

考えてみれば仕事だってそうだ。ここで踏みとどまれるか、押し切られるか。もう一歩、踏み込めるか、諦めるか、危険を察知して素早く引き上げるか、無為に時間を浪費するか。勝利と敗北、成果と損失は常に背中合わせの関係にある。その分かれ道は〝際〟を制するか否か。そこに尽きると言っても過言ではない。

広岡・森・野村・落合、四人の名将の下で

〝勝負の際〟について話を続ければ、大仰でなく全国のプロ野球ファンが固唾《かたず》を飲んだ

三一年前のビッグプレーを素通りするわけにはいかない。

八七年の日本シリーズ第六戦。舞台は西武球場。西武が日本一を達成したこの試合の八回裏、私たちはとんでもないプレーを目にすることになる。二対一と西武一点のリード。二死一塁で秋山の打球はセンター前に飛んだ。普通なら一、三塁の場面だが、あろうことか一塁走者の辻は三塁を蹴り、本塁に向け突進しているのだ。

「おそらくセンターのウォーレン・クロマティには〝まさかホームまではいかないだろう〟という油断があったと思うんです。しかも彼は左利きだから送球がシュート回転すれば、ボールは二塁方向にそれる。中継の川相昌弘が右に回ればその分ロスが出る……」

辻の狙いどおりだった。巨人のスキを突いての追加点は単なる一点以上の重みがあった。球界の盟主交代を印象づけるシーンでもあった。

中日の監督時代、八年間で四度のリーグ優勝を果たした落合博満は、コーチを選ぶ上で、ひとつの基準を示していた。

優勝の仕方を知っているか否か――。全盛期の西武を主力として牽引し、ヤクルトでは知将・野村克也の薫陶を受けた辻は、落合にしてみれば喉から手の出るほど欲しい人材だった。

一七年の指揮官の顔触れを見てみよう。西武ＯＢは辻を含め、工藤公康（福岡ソフトバンク）、伊東勤（千葉ロッテ）、森繁和（中日）と四人もいる。

西武組に迫るのが野村の教え子たちだ。栗山英樹（北海道日本ハム）、真中満（東京ヤクルト）、そして辻。

「お師匠さんを見れば、（やろうとする）野球がわかる」

野村の説に従えば、球界を代表する名将である広岡達朗、森祇晶、野村克也の下で野球をやってきた辻は、もうそれだけでエリートということができる。昔風に言えば幹部候補生だ。

その点を本人に質《ただ》した。

「広岡さんは、とにかく厳しかった。メガネの奥がキラッと光っただけで、僕らはシャキーンとなった。いつもピリピリしていた。立っているだけで存在感を感じさせるような人でした。

一方、森さんは僕らに任せてくれる部分が多かった。あまり細かいことは言わない。一人前の選手に対してはおとな扱いしてくれました。

野村さんはＩＤ野球という代名詞のせいか理論派のイメージがありましたが、裏ではよく選手のことを考えていましたよ。マスコミの使い方もよく知っていた。コメントを通じて選手を叱咤したり激励したりね」

——では〝オレ流〟は？

「落合さんは、ものすごく選手寄りですよ。選手を叱りたい時でも我慢する。だから僕らコーチは、とにかく選手をサポートする、やりやすい環境をつくることに専念していましたね」

——四人の中では誰が理想の監督か？

「全員でしょうね。全部ですよ」

広岡二年、森一〇年、野村三年、落合五年。名将たちの下で二〇年の歳月。それは知見や経験が熟成するには十分過ぎるほどの時間である。

「キャプテン・浅村」という選択

野村克也が古田敦也を育てたように、森祇晶が伊東勤に全幅の信頼を寄せていたように、名将に「分身」の存在は不可欠である。

辻がキャプテンに自ら同じポジションの浅村を指名したのは、グラウンドでの代役を期待してのことに他ならない。

指揮官の狙いを松沼が代弁する。

「辻監督の最高のファインプレーは浅村をキャプテンにしたことですよ。浅村はワーワー言ってチームを盛り上げるタイプではないのですが、キャプテンになってから明らかに変わりました。練習ではひとりで黙々と打ち込み、背中でチームを引っ張っている。辻監督の期待をひしひしと感じているのでしょう」

黄金期の西武は、とにかく活気のあるチームだった。ひとりひとり、決して仲が良かったわけではない。しかし、いざ試合が始まると不思議な団結を見せた。

その中心にいたのが二遊間の石毛と辻である。

再び松沼。

「僕がマウンドに立っていると、石毛と辻がバンバン声をかけてくる。〝アニヤン、しっかり！〟とかね。辻なんか僕より六つも年下なのに、〝しっかりしてください〟なんて一度も言ったことがない。〝しっかりしろ！〟ですから。まあ〝できる男〟というのは物怖《ものお》じしないんでしょうね」

辻とて最初から〝できる男〟だったわけではない。獅子の群れの中で鍛え上げられたのだ。

辻の回想。

「そりゃエラーをすれば落ち込みますよ。自分自身にカッとなったりもしますよ。そんな時、石毛さんから言われた言葉が未だに忘れられないんです。〝打って返せ！〟。慰められるより叱られたほうが、どれだけ楽か。そういう役割を浅村には期待しているんです」

指揮官の思いが通じたのか目下、浅村は絶好調である。開幕から三番に座り、四五打点（一七年六月一日現在）はリーグトップ。攻守両面でチームを引っ張っている。

中心なき組織は機能しない——。野村克也も、こう語っている。名門復活に向け、いぶし銀の指揮官は着々と手を打っている。球団との契約は二年。時間は止まってはくれない。待つのは歓声か、罵声か。還暦の前に結果は出る。

栗山英樹——「四番・中田翔」に代打を送った選択

二〇一六年、北海道日本ハムファイターズを一〇年ぶりの日本一に導いた栗山英樹には「心の師」と仰ぐ指揮官がいる。

魔術師の異名をとった三原脩である。一九五六年から五八年にかけて日本シリーズ三連覇という西鉄ライオンズの黄金期を築いたことのみならず、Bクラスが指定席だった大洋ホエールズを球団創設初のリーグ優勝、日本一（六〇年）に導いている。また日本ハムが日拓ホームから球団を買収した際には、球団社長兼代表も務めた。

名将の条件として、三原は次の言葉を残している。

〈監督とは、ひじょうに常識的な言葉であるが、選手を使いこなすことができるかどうかである〉

平易であるがゆえに奥が深い。これこそは、「言うは易く、行うは難し」なのだ。

「ウチは（中田）翔のチーム」

そう公言してはばからなかった栗山が、不動の四番に代打を送ったのは、一六年六月二七日、本拠地での埼玉西武ライオンズ戦だ。

四点差の七回、二点差に詰め寄り、なおも二死一、二塁。ここで栗山は「代打・矢野（謙次）」を告げる。札幌ドームが騒然となったのは言うまでもない。

期待に応えた矢野は四球を選び、連打もあって日本ハムは逆転に成功する。試合は八対七で日本ハムが競り勝った。

この勝利で五連勝。白星の数珠は一五にまでつながった。最大で一一・五あった首位・福岡ソフトバンクホークスとのゲーム差を徐々に縮め、ついにはひっくり返してみせたのである。

前の打席で中田は見逃し三振に倒れ、一〇打席連続無安打となっていた。確かにこの打席でもヒットが出る予感はしなかった。

だが、栗山によれば、不振だから外したわけではない。中田が「ファイティングポーズを崩した」ことが許せなかったのだ。

「投手を倒すという姿勢が僕には見えなかった。それは打ってから一塁へ走る姿にも現れていました。翔には〝悪いけど代える〟と言っただけです。

次の二試合も（スタメンから）外しました。その理由について、僕は説明していません。翔に自分自身で気づいて欲しかった。それがスーパースターというものです」

再び三原の言葉を引く。

〈勝つための最善と思われる手段を選んで戦うのは監督として当然の処置で、選手の個々の立場や感情を尊重することと、勝つということは必ずしも一致しない〉

最善手を選択し、それを打ち尽くす

二五年ぶりのリーグ優勝を果たした広島カープとの日本シリーズは、二連敗からのスタートとなった。

「負けるなら四連敗だと思っていました。正直言って〝追い込まれた感〟がありました」

本拠地での第三戦も敗色濃厚だった。一対二で試合は八回裏へ。広島のマウンドはセットアッパーのジェイ・ジャクソン。日本ハムの負けパターンだ。

二死二塁。ここで広島バッテリーは三番・大谷翔平を歩かせ、中田との勝負に出た。寝てるヤツは起こすな——。これが短期決戦の鉄則である。

栗山は、どんな思いでこのシーンを見つめていたのか。

「チームの柱として、全てを受け止めるのが四番。翔には、その力がある。日本の四番に育てるために、この五年間、苦楽を共にしてきたんです。

ここは最高の見せ場。〝行け、翔。オトコになれ!〟と心の中で叫んでいました」

執念の乗り移ったライナー性の打球はレフト松山竜平の前でバウンドし、フェンス際まで転がった。逆転の二点タイムリー。この一打でシリーズの流れが変わった。日本ハムは怒濤の四連勝で赤ヘルを寄り切った。

死中に活を求める——。これも三原譲りである。

「三原魔術」を語る上で欠かすことができないのが、五八年の日本シリーズである。三連覇をかけた三原西鉄の相手は、宿敵・水原茂率いる巨人。西鉄はいきなり三連敗を喫し、土俵際に追い込まれた。

普通の監督なら「ひとつくらいは勝て」と発破をかけるところだろう。

だが、三原は違った。敵地・後楽園で二連敗した後、福岡へ帰る夜行列車の車中で選手たちは酒盛りを始めた。三原は、それをただ黙って見守っていたという。潮目が変わる瞬間を辛抱強く待っていたのだ。

三原は語っている。

「要は、勝負師は機をつかむことである。油断とおごりは力のなかに巣くう白アリだ。その一穴から、強力なものも崩れ去っていく。力のないものがにぎる勝機。それが風雲に乗るということであろう」

勝てば王手がかかる三戦目、広島は満を持して、シリーズ直前に引退を表明したばかりの黒田博樹を先発のマウンドに送った。日米通算二〇三勝のレジェンドである。

「これがウチにはよかった」

栗山の真意はこうだ。

「黒田が来てくれたことで選手たちは純粋に野球に向き合うことができた。〝あの黒田さんと対戦できるんだ〟という喜びで、〝オレたちは挑戦者なんだ〟と原点に戻ることができた。敵をも変える力を、黒田が持っていたということです」

このシリーズ、采配が後手後手に回った広島の指揮官を尻目に、栗山は果敢にカードを切り続けた。将棋でいえば「最善手」の連続だった。

「ワールドシリーズが参考になりました。シカゴ・カブス監督のジョー・マドンもクリーブランド・インディアンスのテリー・フランコーナ監督も先に先にと手を打ってくる。やり残すと後悔するとでも言わんばかりに。

これは僕も同じ考えです。負けるにしても手を打ち尽くして負けたい。そうじゃないと明日につながらない。使わないのなら代打を残しておいても意味がない。短期決戦は待ってはくれませんから……」

「一番ピッチャー・大谷」という選択

一六年のパ・リーグMVPには「二刀流」の大谷が選ばれた。投げては一〇勝四敗、防御率一・八六。打っては打率三割二分二厘、二二本塁打、六七打点。

いわく「二刀流は無理」。いわく「プロ野球をナメている」……。名だたるOBからの批判を、実力で封じてみせた。

二刀流をチームにどういかすか。栗山に問われたのは投打という二つの資産の運用法だった。

そのひとつの回答が、七月三日、敵地での「一番ピッチャー・大谷」だった。日本ハムは首位ソフトバンクに七・五ゲーム差まで迫っていた。

プレーボールから五秒後、大谷は中田賢一の初球を振り抜いた。放物線を描いた打球は右中間スタンドに突き刺さった。まるで劇画のような一コマだった。

――この起用の真の狙いは？

「翔平はピッチャーとして初回の入り方が悪いんです。だったら一番でホームランでも打ってくれれば、気持ちよくスタートできるだろうって。

それに、いきなり翔平が打席に立ったら相手も投げづらいでしょう。あの頃、ウチはひとつの負けが命取りとなるような状況でした。翔平を、どう使えば相手が嫌がるか。それは常に意識していました」

実は大谷の起用法を巡っても、栗山は三原を意識していたという。

「三原さんの本にこういうことが書いてあった。日本ハムの初代監督は娘婿の中西太さん。その中西さんが初回から送りバントのサインを出した。それを見た三原さんは、〝こいつは監督の器ではないな〟と。要するに初回からのバントはプロ野球の発展につながらないということですよ。

そういう大局観が、三原さんの一番好きなところなんです。僕は今、プロ野球でメシを食わせてもらっている。この幸せな環境を、どう次の世代につないでいくか。そう考えていた矢先に、翔平のような選手と巡り合うことができた。だったら、彼の力を借りてもっと面白いことができるんじゃないか。もっと別の表現方法があるんじゃないか。いずれにしても、彼の可能性はまだまだこんなもんじゃない、と思っています」

投手、野手、(一試合中での)二刀流、そして代打。大谷にはこの四つの起用法がある。

「いえ、まだあるんです」

口の端に知性派らしい小さな笑みを浮かべ、栗山はこう続けた。

「僕はアメリカでの〝三刀流〟をイメージしているんです」

――三刀流?

「そうです。彼には、まだ試されていない素質がある。それは、外野手としての守備力です。スピードもあるし、アメリカでも楽にゴールドグラブ賞をとれるくらいの能力を持っていますよ。

アメリカの球場は人工芝が少ない。ほとんどが天然芝だからケガのリスクも減る。向こうの恵まれた環境がアイツの幅を、もっと広げてくれると考えています」

問題は大谷の意思を理解し、使いこなせる監督がいるか、どうか。

いや、ひとりいる。他ならぬヒデキ・クリヤマである。一緒に海を渡る気はないのか。

「勘弁してください。僕がいま一番何をしたいかって、それはとにかく翔平から離れたいんです（笑）」

至宝を預かる重圧と責任は、察するに余りある。しかし、〝平成の魔術師〟にとって、それは同時に至福の時間でもある。

「清宮はいじらない」という選択

「まずはいじらないこと。そのことは（スタッフ全員で）徹底しています」

高校通算一一一本塁打のドラフト一位ルーキー・清宮幸太郎（一八歳）を、どう育てるか。単刀直入に切り出すと、北海道日本ハムを率いる栗山英樹から冒頭の答えが返ってきた。

「あれだけ良いタネで土壌もいいわけですから。ちゃんと水をあげていればスクスクと育つはず。変な化学肥料さえあげなければ……」

タネとは素材、土壌とは球団の育成環境ということだろう。化学肥料は余計な口出しか。

一七年のドラフト前のことだ。ＴＢＳの人気番組『サンデーモーニング』で張本勲がおもしろいことを言った。

「（清宮がドラフトで）自分のところに来てくれるなよ、と思っているバッティングコーチはいるはずですよ。（あれだけの素材だから）教えることも難しいし、いじくって失敗したら自分の責任になりますから。皆、口には出さなくても、心の中ではそう思っているかもしれませんね」

いじれば「教え過ぎ」と批判され、黙って見守っていたら「無能」と陰口を叩かれる。

コーチとは割に合わない仕事である。それがわかっているからこそ、栗山は最初に約束事を決めたのだ。清宮とともにコーチをも守るために。

その一方で、鉄は熱いうちに打ったほうがいいという意見もある。

今は亡き荒川博が一本足打法を伝授していなかったら王貞治の通算ホームラン数は八六八本に達していなかっただろう。

同様に長嶋茂雄が「四番一〇〇〇日構想」を掲げ、松井秀喜に英才教育を施していなかったら、ワールドシリーズでＭＶＰを獲得するほどのスラッガーに成長することはなかっただろう。

だが栗山は清宮に〝師匠〟は不要だと考えている。既にしてかなりのレベルに達していると判断しているようだ。

「打つ能力は問題ないと思っています。皆さん、高校通算一一一本のホームランのイメージをお持ちでしょうが、僕は彼はアベレージヒッターだと考えている。

たとえば大谷翔平（二三歳）と比べてみましょう。彼は腕をグァーっと使うけど、幸太郎はハンドリングが柔らかく、手をコンパクトに使うこともできる。それでいて飛距離も併せ持っている。天性のホームランバッターというだけでなく、将来的には三冠王も狙えるタイプだと思っています」

本当に僕でいいのか?

栗山は清宮をリトルリーグの頃から知っている。東京ドームでは二度も始球式に登板している。このとき手渡した「プロ野球で待っています」との直筆のサインボールは今も清宮家に飾られている。

一七年秋のドラフトでは七球団が競合する中、木田優夫GM補佐が当たりクジを引き当てた。

「木田さん、手を挙げろ、挙げろ、と思っていたら本当にそうなった」

引きの強さは、もはやこの球団のお家芸である。

栗山は続ける。

「でも〝よっしゃあ!〟と喜んだのは、(当たりクジを)引いた瞬間だけ。その一分後には〝(幸太郎を育てるのは)本当に僕でいいのか〟と考えました。こんな怪物を僕が預かっていいのかと。今はものすごいプレッシャーを感じています」

ここで、こぼれ話を少々。大仕事をやってのけた木田と言えば一九八六年の巨人のドラフト一位指名選手である。しかし、一位は一位でも〝ハズレ〟なのだ。

この年の目玉は亜細亜大のサウスポー阿波野秀幸。巨人をはじめ三球団が競合したが、交渉権を得たのは近鉄だった。

甲子園にも出たことのない無名の右腕に対し、メディアは思いの外、冷たかった。振り返って木田は語る。

「普通、記者会見が終わると〝囲み取材〟があるじゃないですか。ところが、巨人は三年連続で優勝を逃していたこともあって、二人の社会人出身の即戦力ピッチャーに注目が集まった。

会見が終わっても誰も僕のところに寄ってこない。それで、〝もういいのかな〟と制服に着替えて帰ったんです。すると翌日の夕刊紙に、こんな見出しが躍った。〝消えたドラフト一位〟（笑）。これには参りました」

三一年前、入団前には囲み取材すらされなかった男が、多くの記者に取り囲まれる風景は、過去を知るものにとっては味わい深いものがあった。

　年明け早々に自主トレがスタートする。いじらないのはいいとして、では栗山はどのような育成計画を立てているのか。

　あのドラフトでの強行指名からはや五年。手塩にかけて育て上げた二刀流エースをメジャーへ送り出す日がついにやってきた。だが、この男に感傷に浸っている暇はない。今度は、高校野球史上最高の怪物打者を迎え入れることになったのだから。

「幸太郎に伝えたのは、次の一点だけ。一月九日に新人合同自主トレが始まるので、そこに向けて体を万全の状態にしておいて欲しい――。何となく自主トレだからいいや、と気楽に構えていると、二月のキャンプで体に異変が生じるんです。最悪の場合、一年を棒に振ってしまうこともある。

　でも、幸太郎のことだから、そこはしっかりやってきてくれると安心しています。入団後にトレーニングメニューを確認したのですが、それは素晴らしい内容をこなしていました。お父さん（清宮克之・ヤマハ発動機ラグビー部監督）のおかげでしょうね。こちらの予想を完全に超えていた」

引退後、長くTVキャスターを務めていたこともあり、情報収集はお手のものだ。

「早実の和泉実監督は僕と同級生なんです。生活態度についても聞きましたが、本当に真面目だと。こちらがコントロールするとしたら練習量が多すぎてケガの恐れがあるとき、あるいは練習の内容が偏っているとき。それくらいだというんです」

早実と言えば、昨秋、大先輩の荒木大輔が日本ハムの二軍監督に就任した。

荒木によると早実の練習は昔から合理的で「やらされている練習はなかった」と言う。

「練習時間も短かった。それでも牽制のタイミングを皆で計ったり、自分たちでサインプレーをつくったりすることには熱心でした」

清宮は理想の二番打者!?

日本ハムはスプリング・トレーニングを米アリゾナ州で行う。ここで栗山は清宮のポジション、打順における適性を全て試してみたい、と考えている。

「まず守備についてですがファーストだけじゃなくサードや外野も試してみたい。本人に聞いたら〝僕は外野やサードもできます〟と言っていた。

一番、怖いのは一年目のバッターをファーストやＤＨに入れること。結果を出せない場合、プレッシャーで潰される危険性があります。

皆さん、〝二刀流〟の大谷翔平と比べると、幸太郎のほうがある程度、ポジションが決まっているので使い方は楽だと考えているかもしれない。

しかし必ずしも、そうではない。翔平の場合、二刀流だから〝どっちかがよければいいじゃん〟みたいな雰囲気があった。本人も、それで助かった面があったと思います。ところが幸太郎の場合、最終的にはバットで結果を出さなければいけない。打てなかったら落ち着ける場所がなくなってしまう。そこはこちらが配慮しなくちゃいけない」

打順にしても、まずは下位からスタートと考えるのは早計だ。なにしろ大谷を「一番・ピッチャー」で起用したことのある指揮官なのだ。

たとえば二番はどうか。栗山が師と仰ぐ知将・三原脩は西鉄の監督時代、若き日の豊田泰光を主に二番で起用し、三番・中西太、四番・大下弘と続く打線は流れをともなって太くなることから「流線型」と評された。豊田は一年目には新人王、四年目には首位打者に輝いている。

三原が遺した「三原メモ」の中に、次のような一文がある。

〈バッティング・オーダーは、各打者が各個に、高打率をあげるように仕組まれるものをもって最上とはしない。むしろ、全体的な安打数はすくなくても、得点能力の大であることが望ましいことなのである〉。二番・豊田は、このコンセプトを具現化したものだった。

この話を栗山に向けた。

「もしかしたら幸太郎は理想の二番かもしれません。昨季、ヤンキースが二年目のアーロン・ジャッジを主に二番で起用して大活躍（五二本塁打、一一四打点）したじゃないですか。ジャッジの場合、右打ちなので、初回からゲッツーを取られるリスクが増えるかな、と思ってみていたんですが、全然大丈夫だった。

幸太郎の場合、左打ちだし、バットコントロールもうまい。それに……」

栗山は小さな笑みを浮かべて続けた。

「（強打者を二番に入れたら）こっちも我慢できる。〝初回からバントをしちゃダメだぞ〟とね。プロ野球を面白くするためにも……」

栗山は一枚の青写真を描いている。そこには二〇二〇年の東京五輪で清宮が日本代表の中心にいる姿が映っている。

「一年目の成績についてよく聞かれますが、僕はレギュラーというかたちにまで持っていければいいと思っています。数字がどうとかガチガチに決めたくはない。幸太郎の本当の勝負は三年目のシーズンとなる二〇二〇年だと思っています。夏にはオリンピックが開催される。本人もそこを意識しているはず。まずはジャパンに選ばれること。できれば中軸を打ってもらいたいという思いを持っています」

異次元の才能・大谷翔平

続いて話題は大谷に。

「Long time no see. I'm Shohei Ohtani. Thank you for coming out to see my press conference. Please enjoy!」

クリスマスの夕方、来季からエンゼルスでプレーすることが決まっている大谷は日本ハムの本拠地・札幌ドームでのサヨナラ会見で英語のスピーチを披露した。

日本でのラストピッチングは栗山を相手に行った。言うまでもなく、二刀流の育ての親だ。

矢継ぎ早に質問が飛ぶ。

――二刀流でやりとげた手応えは？

「やり遂げた感はない。まだ道の途中だなと。ここ（北海道日本ハム）に来ると決めたときは少数の人しか二刀流ができるとは思っていなかったと思う。でも、そういう人がまわりにいたことはラッキー。それがすべてだった」

――栗山監督について。

「監督室では〝体は大丈夫か？〟と聞いてくれていた。表向き厳しいのは僕を守るため。報道を見ても発信の意図がわかっているのでうれしかった」

ドラフトで清宮を指名したのが七球団なら、大谷が直接交渉を行ったのもメジャーリーグ七球団だった。

どういう経緯でエンゼルスを選んだのか。ア・リーグはＤＨ制を採用している。日本ハム時代に二刀流の調整法をほぼ確立していた大谷には、できれば同じ環境に身を置きたいとの思いがあったはずだ。

　五年前を思い出す。大谷が挑もうとする投打の二刀流に対し、好意的な視線を向けるOBはほとんどいなかった。野村克也しかり、張本勲しかり、江本孟紀しかり。

　それが、どうだ。二年目にはベーブ・ルース以来の二ケタ勝利、二ケタ本塁打を記録し、その存在は海の向こうにも知られるようになった。

　栗山という指導者との出会いがなければ、ツーウェイ・プレーヤー（二刀流）としての大谷の今はなかっただろう。

　感慨深げに栗山が語る。

「二刀流をはじめたとき、確かに翔平に対する視線は厳しかった。でも、僕はどこまでも翔平の可能性を信じていた。若者が大きな夢に向かって進むのを、我々としては何とか手助けしてやりたいという思いがありました」

　投げては一六五キロ、打っては一七〇メートルの飛距離を誇る。大仰ではなく、日本球界史上最高の才能と言っていいだろう。

「僕は彼のことを異次元だと思っています」

ネット裏の生活を含めて、栗山はプロ野球の世界に三三年住んでいる。その栗山が、これまでのスターと比べても「次元の違う能力の持ち主」と断じるのだ。

すべては「成長を妨げない」ための選択

ある意味、二刀流は大谷と栗山の共作だとも言える。

――もしエンゼルスの監督マイク・ソーシアから二刀流の調整法を聞かれたら教えますか？

「それはもうすべて教えますよ」

気前のいいことに知財を無料提供するというのである。

「投げた後は二日休ませたほうがいい。二日空けてバッターに移行するのが最適だと思います。

ただ、その時の体調、投球数も考慮しなくてはならない。それに点差。一対〇と一〇対〇では全然疲労感が異なります。

少なくともウチには、この五年間で蓄積されたデータがある。今はまだ二三歳なので、この先二～三年はこのデータを元にして起用法を考えればいいと思います。ただ、その先はわからない。（加齢とともに）体も変わってきますから……」

メジャーリーグでは先発は一〇〇球を目処にマウンドを降りる。六回以上を自責点三以内に抑えればQS（クオリティ・スタート）がつく。二人のセットアッパーとクローザーでゲームを締めくくるのが理想的な勝ちパターンだ。

「メジャーにはメジャーの起用法があるでしょう。〝あっ、それがあったんだ〟という起用法を開発してもらいたい。僕もそれを楽しみにしています」

例えばどんな起用法があるのか？

「僕が楽しみにしているのは野手を基本線にしながらセットアッパーもやること。チームが年間八〇勝するとして、そのうちの四〇試合は八回を担当する。こういう使い方があってもいいんじゃないか」

先入観に縛られない。固定観念に染まらない。栗山の采配の原点には野球への飽くなき好奇心とファンへのさり気ないサービス精神がある。

その意味で大谷の本拠地でのサヨナラ会見は、ファンへの最高のクリスマスプレゼントとなった。

赤色のネクタイと大谷からもらったエンゼルスの朱色のユニホーム。私の目に映った栗山の姿は球界のサンタだった。担いでいる袋の中には、いくつものアイディアが詰込まれている。

「大谷にしろ清宮にしろ、僕はたまたまそこにいただけ。本当に何もしていない。日々、考えているのは邪魔をしないこと、成長を妨げないこと。それだけなんですよ」

誰が名付けたかスーパースター育成請負人。謙遜という名の衣の下で大志を磨く五六歳の万年青年である。

千賀滉大――「育成」出身の星

チームを車にたとえるなら、東北楽天や埼玉西武とは排気量が違っていた。一七年八月一五日、本拠地でオリックスに勝って首位に立つと、そのまま猛スピードでゴールを駆け抜けた。

終わってみれば二位・西武に一四・五ゲーム差。獅子やイヌワシを歯牙《しが》にもかけない強さで福岡ソフトバンク・ホークスは二年ぶりにパ・リーグを制した。その戦いぶりは〈無敵の若鷹軍団〉（応援歌の歌詞）そのものだった。

優勝翌日のスポーツニッポン紙（一七年九月一七日付）にユニークな鼎談が掲載された。千賀滉大《せんがこうだい》、甲斐拓也、石川柊太《しゅうた》による〈出世魚トリオトーク〉だ。

優勝時点で一三勝三敗、防御率二・二三。ひとりで貯金を一〇もつくった千賀。一七〇センチと小柄ながら主戦捕手に成長した甲斐。そして先発、中継ぎとフル回転した石川。彼らはいずれも「育成」出身なのである。

一般企業にたとえて言えば非正規雇用ながら、その働きぶりが評価され、正社員にとりたてられるとともに、報酬面でも大幅なベースアップを勝ち取った、いわば〝非エリートの星〟である。

千賀の次のセリフが泣かせる。

〈一軍に行きたいという気持ち。三人ともあったと思う。ちょうど西戸崎から（博多湾を挟んで）見えていて、ドームで投げたいって。〉

西戸崎とは福岡市東区にあった二軍・三軍の合宿所である。約八キロ先に一軍の本拠地ヤフオクドームが威容をたたえている。越すに越されぬ博多湾を眺めながら、彼らはハングリー精神を養ったのである。

「バチバチに意識した」

日頃、あまり感情を表に出さない千賀が珍しく興奮モード全開で振り返る試合がある。一七年八月九日、敵地での楽天戦だ。ゲーム差は四・五。もう後のない楽天はエース則本昂大に先発のマウンドを託した。

千賀、則本ともに侍ジャパンのメンバーとして一七年のＷＢＣに出場した日本を代表する本格派投手である。

この二人は開幕直後の四月四日にも投げ合い、この時は則本に軍配が上がっている。千賀は六安打四四球と乱れ、四回でマウンドを降りた。

それだけに、試合前から千賀には期するものがあった。

「尊敬できる先輩だからこそ勝ちたいんです」

初回から飛ばしに飛ばし、八回まで毎回の一〇奪三振。ここぞという場面では〝伝家の宝刀〟を抜いた。世界を驚かせた〝お化けフォーク〟だ。

ストレートも冴えた。二対〇の八回二死、六回にヒットを打たれている島内宏明に対して投じたストレートは一五二キロを計測した。

八回無失点で一一勝目。二位楽天とのゲーム差を五・五にまで広げ、ペナントをたぐり寄せた。沸き立つ一塁側ベンチを横目に、三塁側ベンチは静まり返っていた。

ルーズショルダーは長所にできる

千賀の〝出世魚人生〟を振り返ろう。一九九三年一月三〇日、愛知県蒲郡《がまごおり》市の生まれ。プロで活躍する同級生には山田哲人（東京ヤクルト）、有原航平（北海道日本ハム）、山﨑康晃（横浜ＤｅＮＡ）らがいる。

高校は蒲郡高校。通称「がまこう」。千賀によれば「普通の公立高」で、もちろん甲子園に出場したことは一度もない。

中京大中京を筆頭に東邦、愛工大名電、享栄ら私学の強豪が幅を利かせる愛知県にあって、公立高が割って入るのは容易ではない。

三年夏は県大会の三回戦で負けた。「僕はレフトを守っていたのですが、あっという間に七点を取られていた」。記録を調べると岡崎商高に一対七で敗れていた。

夢はプロ野球選手。しかし、全国大会の実績はゼロ。県内をはじめ大学からの誘いはいくつかあった。しかし、心ここにあらず、ある日、突然、ホークスの小川一夫スカウト（当時・現編成部長）が学校を訪ねて来た。ブルペンで投げ始めると小川の目が光った。

どういう経緯で、千賀にたどりついたのか。小川の述懐――。

「ドラフトを控えたある秋の日です。名古屋の西正スポーツの店主・西川正二さんから電話が入った。『蒲郡に千賀という素晴らしい素材がいる。一度見に来ませんか』と。それで私が行く前に三人ほどスカウトを派遣しました。動画を見ると一四三キロ出ていた。それ以上に感心したのが関節の柔らかさです。これはいい投げ方をしている……。学校関係者に『どこかプロの球団は来ていますか？』と問うと『どこも来ていない』と。それで育成枠で取ることにしたんです」

育成枠での入団は、年俸二七〇万円。契約金もなく、わずかばかりの準備金が用意されただけ。しかも契約期間は三年。それ以内に支配下選手にならなければ、自動的に自由契約になる。すなわちクビだ。不安はなかったのか。

本人は語る。

「高校時代はケガばかりで満足に投げられなかった。大学に入ってまたケガしたら、もうプロには行けないでしょう。それなら一％でも（プロで活躍できる）可能性にかけようと。育成でも入ってしまえば、一軍に上がれるチャンスがあるのですから……」

千賀は肩に不安を抱えていた。肩の関節がはずれやすい、いわゆる〝ルーズショルダー〟だった。

「それは確かに諸刃の剣でした」

小川が振り返る。

「故障のリスクはあるものの、ルーズショルダーの選手は素晴らしいボールを投げるんです。なぜなら肩周りの関節が柔らかいからです。逆に言えば肩の可動域が広いということ。それが原因でボールに強いスピンをかけることができるんです。

これは好投手の特徴です。ウチの工藤公康監督やメジャーリーグで活躍した野茂英雄も肩の可動域が広い。その意味で千賀は可能性を秘めたピッチャーでした」

三軍制が才能を開花させた

二〇一〇年秋、育成ドラフトで千賀は四巡目指名を受け、ホークスに入団した。

128。それが千賀に与えられた背番号だった。一般的に背番号は、その選手への期待値を示している。ピッチャーなら10番台か20番台がエリート。30番台、40番台、50番台……と数字が大きくなるに従い、逆に期待値は下がっていく。それが現実だ。

配属された先は三軍。一軍を頂点とするピラミッドの底辺だ。

時間をかけて体をつくり、実戦を重ねて技術を育む。資金が潤沢なホークスだからこそできる育成システムが無名で故障がちの千賀には幸いした。

「アイツ、すぐ弱音を吐くんですよ」

こう語るのは当時、三軍投手コーチ（現投手統括コーチ）だった倉野信次だ。

「体も細く、すべてが弱かった。一〇〇メートルダッシュを一〇本させると『吐き気がします』と言って離脱してました。

彼の場合、投げることよりも、まずは体力強化。肩の関節が柔らかいということは、すなわちそれだけ肩に負担がかかるんです。体幹はもちろん肩周辺のインナーマッスルを鍛えるトレーニングまでいろいろとやらせました。すぐに『コーチ、もうダメです』とぶつぶつ文句を言うのですが、やる気と向上心はありました。ないのは体力だけ」

二度の沢村賞に輝いている斉藤和巳は〇八年に右肩腱板修復手術を受けて以降、一軍のマウンドには立てず、リハビリを兼ねたトレーニングを行っていた。

一一年のキャンプ直後のことだ。二軍の球場横のブルペンに顔を出すと、入ったばかりの千賀が投げていた。

「この子、速いなァ」

近くにいた関係者に「この子、ドラフト何位ですか?」と聞いた。

「いえ、育成ですが……」

「へエ、このボールで育成ですか!」

二度驚いた、と斉藤は語った。

「とはいえ最初の頃の印象は、コーチから言われたことをただやってるだけ。何のための練習かも、まだわかっていなかったんじゃないでしょうか。彼こそはソフトバンクの育成システムによって育て上げられた選手だと思います」

ソフトバンクが三軍制を導入したのは一一年だ。イースタン・リーグが七チームあるのに対し、ウエスタン・リーグは五チームと小所帯だ。必然的に若手選手の出場機会は限られる。その解決策としてホークスは三軍制を導入したのである。

新しいシステムづくりに尽力したのが当時の球団取締役・小林至だ。

以前、彼はこう語っていた。

「二軍制だと選手は六〇人もいれば十分。ケガ人が出ても、この人数なら何とかなります。それを考えると七〇人という現行の支配下選手枠は本当に中途半端な数字なんです。（二軍制だと）下位指名の選手は、ほとんど試合に出られない。ところが三軍制にすると、多くの選手にチャンスが回ってくる。育成選手でも支配下登録できそうな選手がたくさん出てきた。しかもバス移動が多いためハングリーさも身につくんです」

体の使い方を覚えるために千賀が福岡県八女市のスポーツトレーナー鴻江寿治《こうのえひさお》のもと

を訪ねたのは一年目のオフだ。

鴻江によれば選手に限らず人は「猫背型」と「反り腰型」に分類することができるという。千賀は後者だ。

「反り腰型は踏み出す方の足の骨盤が閉じている。そのために下半身で投球をリードしなければいけないんです。注意点として『左足をできるだけ横に向けたまま投げることを意識しなさい』と言いました。『スパイクのマークを捕手に見せる時間を長くするイメージで』と。ですからマークが見えている時は千賀の調子のいい時です」

スパイクのマークの向きが千賀の調子の良し悪しを判断するリトマス試験紙との指摘は実に興味深い。

男を上げたWBCの舞台

ベスト四に進出した一七年のWBC。二八人のサムライの中で一番男を上げたのが千賀である。日本人選手ではただひとりベストナインに選ばれた。

四試合に登板し、防御率〇・八二。大会記録となる一六三振を奪った。

大会史上初のタイブレークを制した二次ラウンドのオランダ戦。三番手で登板した千賀は五、六回の二イニングを無失点に封じた。

以下は投手コーチの権藤博から聞いたエピソード。

「五回を何とかしのいでベンチに戻ってきた千賀に『次の回も行くぞ！』と告げたら『嫌です』だって（苦笑）。そんなピッチャーいないですよ。変わってるというかピッチャーらしくない。だから気に入って三日後のイスラエル戦では彼を先発に持ってきたんです」

蛇足だが千賀も変人なら、権藤も変人だ。なぜか変人の方が仕事ができる。それがプロ野球のユニークさだ。

再び権藤。

「アイツ、イスラエル戦も『嫌です。もう無理です』と弱音を吐くんです。『バカタレ！　オマエしかいないだろう』と。アイツのフォークは高めからワンバウンドになるくらいの落差がある。しかもコントロールが悪いから的を絞れないんですよ」

権藤の見立て通りだった。先発・千賀は五回をピシャリと抑え、米国行きに貢献した。

強打のイスラエルに付け入るスキを全く与えなかった。

準決勝の米国戦は菅野智之の後を受け、一対一の七回から二番手として登板した。ドジャースタジアムのネット裏ではスピードガンを持ったメジャー各球団のスカウトマンが目を光らせていた。

七回から八回にかけての奪三振ショーは圧巻だった。五番エリック・ホズマー（ロイヤルズ）、六番アンドリュー・マカチェン（パイレーツ）七番バスター・ポージー（ジャイアンツ）。八回に入って先頭の八番ジャンカルロ・スタントン（マーリンズ）。メジャーリーグの名だたる強打者たちを自慢のフォークとストレートで圧倒した。

大魔神以来の〝お化けフォーク〟

お化けフォークの正体は？

「僕の場合は、あまり（人差し指と中指でボールを）はさまない。ストレートの握りをちょっと広くしただけ。正直、スプリット（フィンガー）と言ってもいいくらいです」

指も特に長いわけじゃない。お化けの秘密は握りよりも腕の振りに隠されているのかもしれない。

ホークスOBの柴原洋は地元テレビの解説者を務める。打者目線で千賀のピッチングを分析する。

「バッターは（ボールの）ヨコの動きには対応できますがタテは難しい。追い込まれてから落差のあるフォークをとらえるのは、ほぼ不可能です。カウントを取りにくるストレートやスライダーを狙うしかありません。あれだけの落差といったら……全盛期の大魔神・佐々木主浩さん以来じゃないでしょうか」

メジャーの洗礼も浴びた。四者連続三振の後、九番ブランドン・クロフォード（ジャイアンツ）に真っすぐをライト前に運ばれた。「これは仕方がない」と本人。「悔いが残る」のは一番イアン・キンズラー（タイガース）に浴びた左中間へのツーベースだ。二、三塁とされ、内野ゴロで勝ち越しを許してしまった。

一死一塁。二ストライクナッシングと追い込んでいた。三振はとれなくても長打は防がなくてはならない場面。そこへ「フォークが甘く入ってしまった。ワンバウンドのボールを投げていれば……」。メジャーの強打者相手に失投は許されない。

「一球の恐ろしさがめちゃめちゃ身に染みました」。これは成長のための高い授業料だった、と今は考えている。

育成出身のため〝雑草の星〟と呼ばれる千賀。ステレオタイプのレッテルだが、嫌みがない。本人は気に入っているのか。

「そう言ってもらえたらありがたい。〝千賀でもできるんだ〟〝千賀でも、ああなれるんだ〟と思ってもらえれば、僕は素直にうれしいですよ」

頭は低く、目は高く――。好感の持てる〝平成の苦労人〟である。

「キャッチャーミットに突き刺す」――武田翔太のカーブ

昔風に言えば「懸河のドロップ」だ。落ち方が半端ではない。ピンポイントでバットの芯にとらえるのは至難の業だ。

二〇一五年、一三勝（六敗）をあげた福岡ソフトバンク武田翔太が投じるカーブの変化は独特である。見たこともないような高い位置から、放物線を描きながら落ちてくる。

あるパ・リーグのベテランバッターは、「現代の魔球ですよ」と言って苦笑を浮かべた。

「滝というのは大げさかもしれませんが、ビルの三階から落ちてくるような感じ。視界にとらえようとするとアゴが上がってしまって対応できない。かといって、アゴを引くと、リリースポイントの位置が確認できない。見逃してボールになってくれるのが一番いいのですが、ストライクゾーンを通過するので無視することもできない。厄介なボールです」

宮崎市内のキャンプ地。ブルペンでは元メジャーリーガーの松坂大輔が熱のこもった投げ込みを行っていた。一方、武田はというと走り込みが中心で、投げ込みにはそれほどこだわっていない様子が見てとれた。

まずは〝伝家の宝刀〟のカーブについて訊いた。

「普通の人は〝抜く〟という感覚なのでしょうが、僕の場合は抜けないようにボールを抑え込み、最後はミットに突き刺す、というイメージで投げています」

長いことプロ野球を取材しているが、カーブを「ミットに突き刺す」と表現したのは武田が初めてだ。

バレーのスパイクのクセが独特のカーブを生んだ

では、どのようにして、こんな投げ方をマスターしたのか。

「覚えたというより、クセがついてしまったんです」

これには少々、説明が必要だろう。武田は小学校までバレーボールをやっていた。地元では、ちょっとは名の知れた選手だった。

相手コートにスパイクを決めるには、ヒジの位置をできるだけ高く保ち、それこそ突き刺すようにボールを上から叩かなければならない。

この時のクセが、今も抜け切らないというのだ。

「野球を始めたのは中学生になってから。ピッチャーをやるようになって、変化球をひとつ覚えたいと思ったんです。最初はスライダーに挑戦したのですが、僕には合わなかった。

次にカーブに挑戦したら、僕の投げ方に、うまくはまったんです。だから、誰からも教わっていない。全くの自己流なので、変化の仕方も独特だと思うんです」

ボールを手渡すと、カーブの握りを目の前で披露してくれた。握りに関しては「企業秘密」だと言って写真撮影を拒否するピッチャーが多いなか、武田はオープンだ。

「どうなんでしょう。僕の場合、投げ方もひじの使い方も独特なので、真似しようと思ってもできないと思うんです。逆に僕も教えることができない。今はバレーボールをやっていてよかったと思いますね」

故障が教えてくれたこと

宮崎日大高時代から評判のピッチャーだった。甲子園出場こそ果たせなかったが、〝九州のダルビッシュ〟の異名をとるなど、その実力は抜きん出ていた。

「今だから言えるんですけど、高校時代は本気で投げたことがなかった。全試合を（ひとりで）投げないといけないので、力を多少はセーブしながら投げていました」

一一年のドラフトでソフトバンクから一位指名を受け、入団。七月に一軍に昇格すると投げるたびに勝ち投手になり、一年目にいきなり八勝（一敗）をあげた。

しかし、二年目は四勝（四敗）、三年目は三勝（三敗）と伸び悩む。決して順風満帆ではなかった。何が原因だったのか。

「やっぱり疲労でしょうね。一年目のクライマックスシリーズで肩を痛めたんです。治るかな、と思いながらごまかしごまかし投げていたんですが、結局治らなかった。それで、もう無理だと判断してリハビリを始めたんです」

投げることが仕事のピッチャーにとって投げられないことほど辛いものはない。

だが、この時期の苦節がその後の野球人生に生きた、と武田は言う。

「投げられない時期に、肩のことをしっかり勉強しました。解剖学の本も読みました。ケガをするまでは少々、体の状態がおかしくても、このくらいなら大丈夫だろう、どうにかなるだろうという気持ちで投げていた。

でも、プロはそれじゃダメなんですね。目の前にある課題を改善しないと、次のステップにはいけない。そこで無理をして次の段階に進んでも、体を余計に悪くするだけです。(体に変調をきたしたら)放置せずに、すぐに気持ちを切り替えて治療に専念する。今は極力、そのように努めています」

故障によって意識改革がなされ、成長を後押ししたのだとすれば、これぞ〝ケガの功名〟である。

一六年のソフトバンクは三年連続日本一を目指し、一三勝投手の武田には、前年以上の活躍が求められていた。

「僕の場合は、まず一年間しっかりローテーションを守ること。それにはケガをしないことが第一です。数字については、後からついてくるものだと思っているので、特に意識はしていません。

ピッチングの理想を言えば、一三〇キロのストレートを投げるフォームで、一四五から一四八キロのストレートを投げたい。バッターが〝あぁ、速っ！〟と思ってくれたらうれしいですね」

ピッチング同様、言葉のやり取りにもしなやかさが感じられる。どこか、ひょうひょうとしている。それはマウンド上の駆け引きにもつながるのか。

「力を抜いても気は抜くな。まぁ、そんな感じですかね（笑）」

武田には若い選手にしては珍しい趣味がある。将棋だ。父親に教わったという。

得意な戦法を訊ねると「穴熊です」という答えが返ってきた。

穴熊の持ち味は王将を隅に囲う堅い守り。その陣型は難攻不落の城を想起させる。

「こちらは守って守って守って。相手に攻めさせておいて、(相手の)駒がなくなった時に攻め返す。ひとつミスをしたら負けだよ、という緊張感が好きですね」

一筋縄ではいかないピッチングの原点を見る思いがした。

第二章

「野球は天職ではない」と言った二人の天才

前田智徳——天才ゆえの孤高なる思考

かつてあの落合博満がこう語ったことがある。

「いまの日本のプロ野球選手のなかで〝天才〟といえるバッターは、松井でもなければイチローでもない。広島の前田だよ」

前田智徳のバッティングの特徴は、どんなタイプのピッチャーと対戦しても、決してみずからのフォームを崩さないところにある。誰に対しても、あくまでも「オレは前田智徳である」の姿勢を崩さず、投手との一騎打ちにこだわっているように映る。

前田がバッターボックスに立った瞬間、一種独特の空気が球場を支配するのを感じるという人は少なくあるまい。

それまで行なわれていたのが、野球というアメリカから日本に伝来した競技であったとしても、前田が登場した瞬間、そこはなにか日本の伝統的な「武道」の場に変わる。まるで「武蔵対小次郎」といった空気をかもし出してしまうのだ。

落合のいうように、まさに彼には「天才」という呼称がふさわしい。

あくまでも自分のバッティングにこだわる前田は、それゆえ相手ピッチャーの投げる球種を読むことをしない。彼を見ているとどうしても出身の熊本工業の大先輩で〝打撃の神様〟と言われた川上哲治のことを思い出してしまう。

デビューして間もないころの前田に、私は何度かインタビューをする機会があった。そこで、いままで自分が打った打球でもっとも満足することができたのは、どんな打球だったかと聞いてみた。

もともとが口数の少ない彼が、そのときボソッと言った答えはとんでもないものだった。

「……ファウルならありますけど」

私はこれまで数百人のスラッガーたちにインタビューをしてきた。しかし、こんなことを言う選手に出会ったことはない。いってみれば「もっともいい球が投げられた瞬間は？」と聞かれて「ありますけど、ボールは相手チームのダッグアウト直撃でした」と答える投手のようなものだ。むろん前田は冗談を言うタイプの選手ではない。

——野球というスポーツをどういうものだと考えているの？

前田　バッティングは好きですけれど、野球そのものは嫌いです。そもそもぼく自身は守ることも走ることもあまり好きではないですから。

――そうすると団体競技そのものが性に合わない？

前田　ええ、好きじゃないです。そういう意味では、あくまでも個人プレーのゴルフが好きです。正直言って道を間違えたといまでも思っています。でも、ぼくの子供のころは近所にゴルフをやれるところなんてなかったですから。もしもう一度子供のときからやり直すことができたら、ぼくは迷わずゴルフをやっていたと思います。

この前田の発言が二〇年もプロ野球でメシを食ってきたベテランのものだったら、もう少し素直にうなずけたかもしれない。実際に西本聖のように野球選手を引退してから本格的にゴルフを始めて、プロゴルファーとして活躍してた人もいる。しかし、このときの前田は二〇歳そこそこ。まだデビューしたての選手なのだ。

――バッターボックスに立ったときに、すごく怖い顔をしているよね。もしかして、ピッチャーにナメられるのがいやであんな怖い顔をしいるんじゃないの？

前田　ピッチャーにナメられるのがいちばん頭にくる。だからナメた投球をされるとカッとなることもあります。

――じゃあ、ど真ん中なんか投げられたりすると頭にくるでしょ。

前田　いえ、ぼくはまだそんなことをいえるほどのレベルの選手ではないです。そういう球を投げられたら「ああ、自分はしょせんまだその程度の選手としか思われていないんだ」と自分で納得することにしています。

でも、これまでど真ん中を投げてこられた場合は、たいがいは打たせてもらっています。とりあえずぼくにそういうボールを投げたら打たれるということをみんなに知ってもらわなければ、相手のピッチャーはきびしいボールは投げてはくれんでしょ。こちらとしても甘いコースのボールばかり打っていてもやりがいがないし、そもそも向こう（ピッチャー）にしたって気持ちが入ってこんでしょ。そんなボールをいくら打ってもちっとも面白くはないですよ。

彼が野球というスポーツについて、あるいはプロ野球選手についてどういう考え方をしているかをうかがい知ることができるような言葉だ。

――バッターボックスに立って、いつもどんなこと考えてるの？

前田　うーん……自分で納得できる理想の打球を打つ……ということかな。でも理想の打球がどんなものなのかは、自分でもまだようわからんですけど。ぼくの頭のなかにイメージはあるんです。それを言葉にできれば苦労はしないんでしょうけど。だけどそれがあるから野球をやっているようなもので、そのこだわりがなくなったら、野球をやめようかと思っています。

「死んだはずの天才」のその後

私はこの話を聞いていて、彼には彼だけの野球というものがあって、その世界でひとり孤独なプレーを楽しんでいるような気がした。

それは打者前田智徳と対戦するピッチャーのふたりしかいない世界だ。彼にとっての野球とは一対一の果たし合いに勝利することである。勝敗を決めるのは、あくまでも自分であり、審判でもなければ監督でもない。

伝統的な「和をもって尊し」とする日本野球では、前田のような考え方の選手は往々にして変人として扱われる。この点は落合博満にも通じるものがあって、そうした面も含めてあえて彼は前田を「天才」と言ったのかもしれない。

まだまだ見続けたい前田のバッティング

前田が右アキレス腱断裂という重傷を負ったのは、このインタビューから三年後の九五年のことだった。

けがから復帰はしたものの、その後の発言は様変わりした。

「あの時点で前田智徳というバッターは死んでしまったと思っています」

そして、こう続けた。

「けがをする前までは、ほかの誰よりもぼく自身が自分のことに期待をしていた。いったい自分はどこまで成長するのかってね。そう考えると毎日が楽しかったです」

野球に限らずスポーツ選手にとって、アキレス腱の故障は致命的だ。しかも左バッターの右アキレス腱はバッティングの起動を支配する力点になるところ。人間の体というのはある意味で合理的につくられていて、ある部位に故障が起きると本来そこにかかるべき力を別のところで補おうとする。それにより、今度は別の箇所にトラブルが発生してしまう。

前田の復活への道のりはまさにその繰り返しだった。しかし、そうした苦境のなかで前田はなにかをつかんだような気がする。

それをけがをきっかけに変わった、というよりも彼自身が野球に対する考え方を変えていったのではないか。言い方を変えれば、いままで視界に入っていなかったピッチャー以外の野手、あるいは自分の所属するチーム、試合の展開、さらには観客といったように、より広い視野で野球を見るようになったのではないだろうか。

たしかにあのまま成長しつづけた前田をわれわれも見たかった。たぶん、順調にいっていたら、いまごろ日本にはいなかっただろう。あのイチローが見惚れたというほど才能は群を抜いていたのだから。

しかしこれも「たら、れば」の話になってしまう。それよりも野球というものにこだわりつづけ、二四年間の現役生活を全うした、その後の前田もまた違う意味で〝天才〟であることには変わりなかったのではないかと私には思えるのだ。

落合博満――野球は選択肢のひとつでしかなかった

以前、ある月刊誌で「日本最強のバッターは誰か？」という特集を組んだことがあった。いろいろなピッチャーから話を聞いた。その中でヤクルトのエースだった尾花高夫がこう言ったことを覚えている。

「マウンドからだと、落合さんのバットの見える時間がやたらと長く感じられる。つまり普通の人が〝点〟でとらえるのに対して、落合さんは投球を〝線〟でとらえているんですね。技術的には落合さんは、インコースのシュートを振り切ってファウルにするテクニックを完全にマスターしていました。並みのバッターはラインの内側に入れようとするのに、落合さんはそうはしないんです。そしてアウトローはきれいにライト前に持っていく。僕なんかホームランが怖いから、ライト前ヒットで終わったらホッとしたものです。おそらくヒットだけ狙えば四割打てたんじゃないですか。九一年のシーズン最終二試合で六打数五安打したでしょう。あれが落合さんの本当の実力だと思いました」

やはり同じ特集のインタビューで元ライオンズの投手・松沼雅之はこう語った。

「落合さんがデビューしたての頃、僕は初対戦から六打席連続三振を奪っているんです。その頃はインハイが弱く、楽なバッターだと思っていた。ところが僕のインハイのストレートが打てないとわかると、それを今度は徹底して狙ってきた。やがてベース寄りに立つようになってインコースの厳しいボールを投げさせなくしました」

落合がロッテから中日に移籍してきた当初、セ・リーグのピッチャー陣が落合に対して徹底して内角を攻めていたことを思い出す。

よくピッチャーは精密機械にたとえられる。その伝で言えば、キャッチャーのほうはデータベースを満載した解析マシーンだ。情報で完全武装したシステムに生身の体とバット一本で立ち向かう「勇者」というと、話はなんだかロール・プレーイング・ゲームのようになってくる。

そうしたロール・プレイング・ゲームではありえない活躍をわれわれに見せてくれたのが落合だった。

生身の肉体がもののみごとに情報戦を勝ち抜いた様子を、元阪急のキャッチャー中沢伸二はこのように生々しく証言してくれている。

「たしか落合が三冠王をとった年でピッチャーは山田久志。一死満塁の場面でダブルプレーをとりたくてウイニングショットのインコース低目のシンカーを要求したんです。高さ、切れともに見事なシンカー。『よし！』と思った直後、ぼくは思わず『ウワッ！』という声を出してしまった。

落合の振り出すタイミングとバットの軌道がシンカーの沈む位置にピタリと合っている。打球はレフトスタンドへ。長年、野球をやってきて、振り出す瞬間にやられたと思ったのは、後にも先にも落合ひとりだけだね」

建築家・落合博満

話は変わるが、「建築家・落合博満」という人生の選択も、まんざらありえない話ではなかったようだ。落合の少年のころの夢は、建築家になることだったという。そのために高校は秋田工業の建築科に進学たという話を聞いたことがある。

かつて一九五〇年代から六〇年代にかけて日本のプロ野球界で活躍した、いまでは伝説として語り継がれているような選手たちは、そのほとんどが少年時代からプロ野球選手になることを夢見ていた。おとなになってスポーツでメシを食うといったら、当時の日本にはあと相撲とボクシングくらいしかなかった。

それがいくつかある選択肢のひとつとして野球を選んだ結果、プロの世界に入ってくるような選手が出てくるようになったのは、ここ最近のことだ。ある意味では落合はそのさきがけといえるかもしれない。

酒の席とはいえ酔ったあげくに「オレはほんとうはサッカー選手になりたかったんだ！」と叫ぶ現役のプロ野球の選手がいても、それほど不思議ではなくなった。実際、サッカーボールのリフティングくらいなら簡単にこなす選手はかなりいる。

往年の野球ファンからすればけしからん話だということになるかもしれないが、それは日本のスポーツが多様化したことであって、むしろ喜ばしいことだともいえる。

落合が「結果として」つまり選択肢のひとつとしてのプロ野球を選んだということは非常に興味深い話だ。

彼のこんな発言を聞いていると「建築家・落合博満」も選択肢のひとつとしてリアリティをもってくる。

「バッターボックスに立って構えてみると、どうもフォームがおかしいんだよ。しっくりこない。それでよくよくホームベースを見てみたら、位置がずれていたんだ。地方球場でのことだけどね」

落合のバッティングフォームというのは、バッターボックスの白線ぎりぎりに立ち、ホームベースの縦のラインに肩、腰、ひざ、スタンスを平行に合わせるという独特のものだ。いってみれば落合の体自体が建築現場で使う水準器のようになっている。バッターボックスに立った瞬間、彼の頭のなかには精密に描かれた球場の設計図のなかにいる自分の姿が見えているのかもしれない。

しかし、彼がもし人生で別の選択をしていたら、現場に対してかなりうるさい建築家になっていたのではないか。

うるさいといえば、落合くらい自分の使うバットにこだわる野球選手もめずらしい。ロッテから中日に移籍する際に、それまで使っていた三四・五インチのものを三五インチに変えている。そしてさらにFAで巨人に移るときには、さらに〇・五インチ伸ばして三五・五インチのバットにしている。

プロ野球選手といえども人間だ。二十代のある時期を境に年々体力、筋力が衰えていくことはしかたがない。若さにまかせて打ち、投げ、走る選手のプレーを見るのも楽しいが、プロ野球の真骨頂は年々衰えていく体力に反比例して蓄積されていく技術と知見にあるといえるかもしれない。

打撃理論上、インパクトの瞬間にボールは〇・〇〇一秒でも長くバットの表面に接していれば、それだけ遠くに飛んでいく。バット自体に加えられている力がより多くボールに伝えられるためだ。そのためにどうしたらいいか。バットそのものがしなることが必要になってくる。

落合はそのことを知っていた。だから年を追うごとに長いバットに変えていった。

落合のホームランのシーンを映像で見るとかなり特徴的である。松井のホームランは、まさにスポーツ新聞の一面を飾る大見出しのように「○○砲」というのがぴったりの豪快なものだが、落合の場合は「運ぶ」「持っていく」というべきかもしれない。スローモションにするとまるでバットの上にボールが乗っているように見えるのだ。

あるベテランのテレビ局のディレクターがこんなことを言っている。

「ホームランをスローで見て驚かされるのは、インパクトの瞬間にバットのヘッドの部分が数センチしなっているのがわかるんです。あんなかたい材質でできているバットが曲がるはずがないと言うかもしれないけど、インパクトの瞬間にほんとうに曲がっている。少しオーバーにいえば、ちょうどムチのようにしなっていますよ。王、掛布、落合らのホームランの映像はみんなそうなっています」

落合のバットへのこだわりはそれだけではない。

バットメーカーの落合担当者から、かつてこんな話を聞いた。

「バットの材質まで指定してくるのは、いまのプロ野球選手では落合さんくらいしかいません。三〇年前後の若木で、目幅の広いものほど弾力があるということを落合さんはちゃんと知っているんです」

現在、日本のプロ野球選手が使用するバットは年間三万本といわれている。そのうちの八割近くがアオダモというモクセイ科の落葉高木が使われ、残りの二割は北米産のホワイト・アッシュが使用されている。ふつう耐久性ではアオダモ、反発力ではホワイト・アッシュだといわれている。

アオダモは樹齢七〇年前後のものがいちばん多く市場に出回っている。それは幹がよく成長しているので、伐りだした一本の木から比較的たくさんのバットをつくることができるからだ。

落合が指定したという「三〇年前後の若木で、目幅の広い」ものというのは、幹がまだ十分育っていないために、バットの材料に使える部分の面積は七〇年前後のものと比べると三分の一にも満たない。そのため市場にはあまり出回ってこない。

「だから、若木で目幅の広くて真っすぐなやつを見つけると、いまでは反射的に『これは落合さん用』って自然に自分で納得しちゃっている」

ここまでくるとかつて建築家志望だった少年の面影というよりも、落合の故郷である秋田が林業が盛んな地域だったことにまで想像が及んでしまう。

また落合はバットの保管についてもことのほか神経を使っていた。愛用のバットはジ

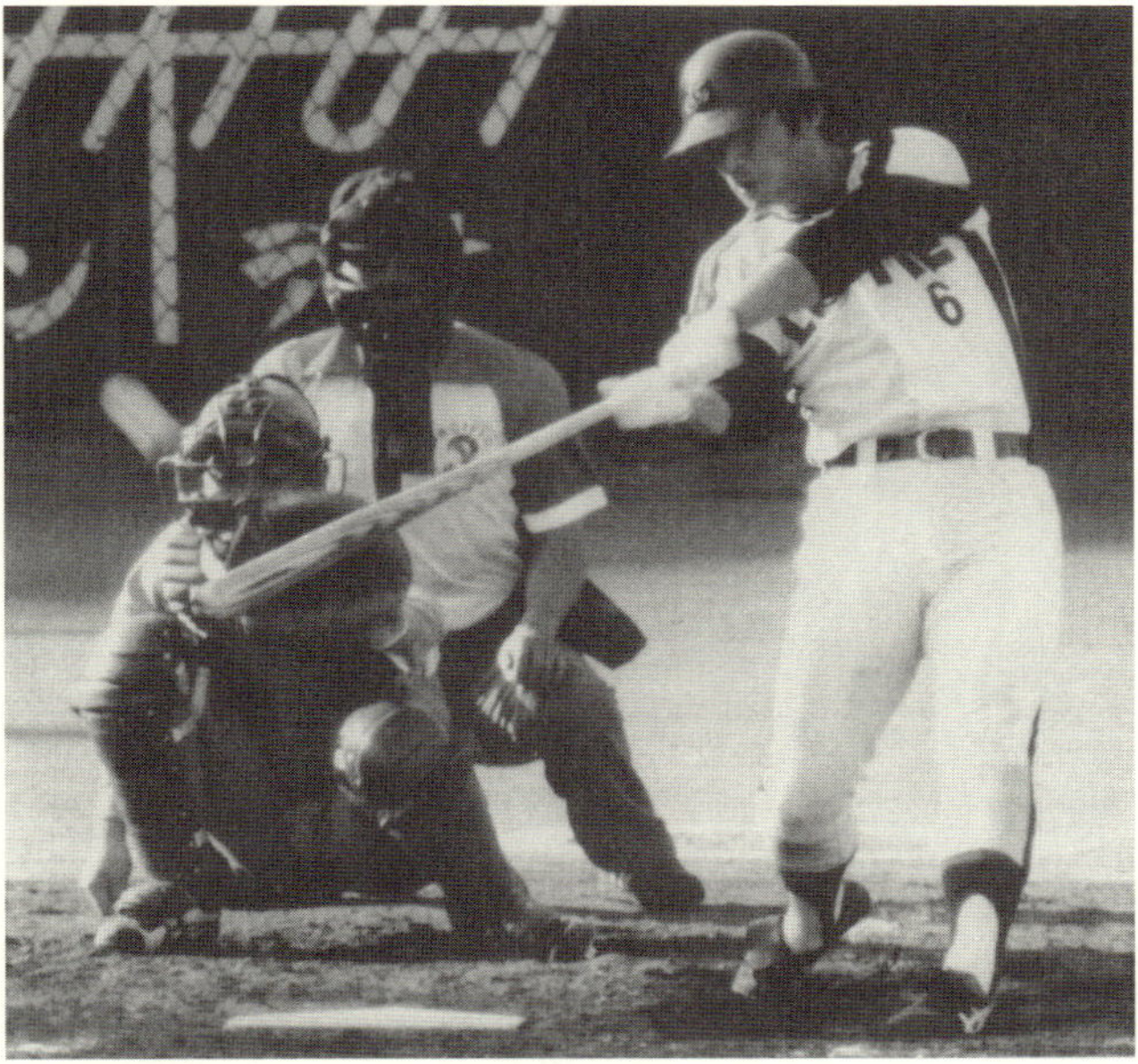

三度の三冠王に輝いたロッテ時代の落合博満

ユラルミンのケースに収められ、しかも乾燥剤が入りという念の入れようだ。このことについてくだんの担当者はこう語っていた。

「実は落合さんのやっていることは、バットのコンディションを維持管理するために非常に大切なメンテナンスのひとつなんです。なにもしないで放っておけば、梅雨時なんかは湿気を吸ってしまい、通常時よりも三〇グラム以上重くなってしまっていることがあるくらいなんです。だから若い選手が梅雨時であるにもかかわらず、自分のバットをそこらに放り出してあるのを見てしまうと、とても心配になると同時にがっかりしてしまいますよね」

仮にいつも使っているバットが九一〇グラムのものだとする。それが湿気を吸って九四〇グラムになっているのを知らずにバッターボックスに立てば、バットの振りはどうしても鈍くなる。バットが重く感じられる。実際に重くなっているのだから当然のことだ。

そのことをまったく理解せずに、自分の筋力が落ちてしまったと思い込んでフォームをいじったり無理な筋力トレーニングを行っているうちに、いつのまにかスランプにおちいってしまう。そんな選手は少なくない。

さらに言えば、落合のバットコントロールのうまさは芸術的である。そこで思い出されるのが、例の「ビデオカメラ直撃事件」だ。

キャンプ中、バッティング練習中の落合につきまとってビデオカメラで取材を続けていたテレビ局のカメラマンがいた。

「そんなところにいると危ないよ」と言いながら、バッティング練習を続ける落合。それでもカメラマンはちょうどバッターボックスに立った落合に対面する位置、一塁側のダグアウトのあたりでカメラを回していたのだが、「打ち損ねた」打球が突然、カメラの方に飛んできて、あろうことかビデオカメラのレンズのど真ん中を直撃したのである。

テレビで何度か流れたから、その映像を見たことがある人は少なくあるまい。レンズは打球の直撃で粉砕されてしまったものの、その瞬間なにが起きたのかわからないカメラマンはそのまま落合の姿を撮り続けていた。当の落合は「すまん、すまん。大丈夫？」といってカメラの方に向かってくるのだ。

この突発的な「事故」について落合のバッティンングをよく知るベテランは、さもありなんという表情を浮かべ、こう語った。

「レンズの真ん中に狙いをつけて打球を当てることなんか、落合にとっては朝飯前のことだよ」

要するにあの事故は「確信犯」のしわざだったと言うのだ。職人落合の面目躍如といったエピソードで、それほど落合はバットという道具を自在に操ることができたのだ。

そんな落合とてバットのコンディションが悪ければ、満足のいくバッティングはできない。それを熟知していたから誰よりもバットにこだわったのである。しかし、ではよいバットを使いさえすれば、誰でもよいバッティングができるかというと話はそう単純ではない。これが人間と道具のむずかしい関係ということになるのかもしれない。ホームランを打つのはあくまでも人間であってバットそのものが打つわけではないのだ。

『野球は言葉のスポーツ』(伊東一雄・馬立勝共著、中公新書)という本のなかに、バットコントロールの達人といわれたインディアンズのジョー・スウェルのこんなエピソードが紹介されている。

彼の使っているバットを野球殿堂入りさせ、野球博物館に展示したい旨を関係者が当人に告げたところ、彼はそれを断ったというのだ。

「それは無理だ。腕だけを博物館に渡せるものか」

野球というスポーツは基本的にバットとボールとグラブを使って行なわれる。しかしゲームを行なっているのはあくまでも生身の選手たちだ。バットやボールやグラブがゲームをやっているのではない。人間が生身の体を使ってやっているからスポーツなのであって、それゆえに私たちはそのドラマに惹かれて球場に足を向けるのだ。最終的には人間のすばらしさを見たくてスポーツを観戦しているといってもいいかもしれない。

落合はそんな人間のすばらしさを私たちに伝えてくれた選手だった。

第三章

松井秀喜の選択

プロの洗礼

進化する怪物――。

これはプロ入り二年目、シーズンフル出場を果たし、ホームランを前年の一一本から二〇本台（二〇本）に乗せた巨人・松井に対して私が命名したニックネームである。「進化」と「怪物」という二つの言葉の中に、松井秀喜のすべては凝縮されていた。松井秀喜という稀にみる怪物が、克服すべき自分の課題を見つけ、それをひとつひとつクリアして、ポケモンのように、さらに巨大で強力な怪物に進化を遂げてゆく姿。

一例を挙げよう。

松井秀喜はプロに入った当初、内角高めのボールにまったく手が出なかった。いまでも鮮明に覚えているシーンがある。

巨人に入団した一九九三年。松井はこの年のヤクルトとのオープン戦で石井一久と初対戦している。

石井の投げる大きくドロンと曲がる独特のカーブ。それは、打ち気にはやる強打者タイプのバッターにはとくに抜群の効果を発揮する。石井が一年目にして強打者ひしめくメジャーリーグでローテーション投手の地位を確立することができたのは、やはりこれが大きな武器になっていたからだ。

左対左であれば、石井のカーブは一瞬、体目がけて飛んでくるような錯覚に陥るらしい。そしてバッターがひるんだ瞬間、ボールはストライクゾーンに吸い込まれていく。

結果は、松井にとって実にぶざまなものだった。三振という結果そのものより、変化球に体が対応できずに思わず尻もちをついてしまった。そのことが、松井より一年早くプロのメシを食ってきた石井と、まだ甲子園の怪物にすぎなかった松井とのレベルの差を物語っていた。

松井は九二年ドラフト会議の最大の目玉で、四球団から指名を受け、巨人に入団した。当然オープン戦でも注目の的であり、「怪物、怪物」と騒がれたルーキーがいったいどの程度のものか、対戦する投手たちは興味津々だった。

とくに、甲子園組ではなく一部のアマ野球マニアを除いては知名度の低かった石井にとって、すでに甲子園での「五打席連続敬遠」という伝説さえつくっている松井は、どうしても打ち取らなければならない、いや、どうしても三振に仕留めなければならない打者だった。プロの洗礼などというきれい事ではなく、石井にとっては意地とプライドのかかった大勝負だった。

一方の松井にしてみれば、それまでこれほど落差があって曲がりの大きなカーブを投げるピッチャーと対戦したことなどなく、「ぶつかる！」と感じた恐怖心で本能的に体が反応してしまったわけだ。

これと同じような光景を、私はそれ以前にも見たことがあった。

打者は阪神タイガースのルーキーだった掛布雅之で、対するピッチャーは巨人のサウスポー新浦寿夫だった。

掛布は、新浦のカーブに対してバッターボックスでやはり尻もちをついてしまったのだ。高校球界に、新浦クラスのカーブを投げるピッチャーはもちろんいなかった。

進化する怪物

それは、松井のプロ入り四年目の春季宮崎キャンプで出来事。

その日、松井のバットからはいっこうに快音が聞こえてこなかった。打球は鈍い音をさせてたまに外野まで飛んではいくものの、ほとんどが野手の手前で失速してしまっていた。

ヤンキースでメジャーデビューした当時の松井秀喜

松井のプロ入り一年目のホームランは一一本。二年目、三年目が二〇本台。順調にホームラン打者の道を歩んでいたといっていい。

その松井が……いったいこれはどうしたことなのか。

キャンプとはいえ、こんな松井を見たことがない。体調でも悪いのではないかと思い、たまたま見かけた知り合いの記者に聞いてみた。

「二宮さん、今年の松井はだめだ。あまり期待しないほうがいいね。だいたい前の年にホームランをバカスカ打ってしまうと、打者というのは、翌年スイングが雑になるもの。よくあることだよ」

たしかに松井のバットから放たれる打球は、ほとんどが詰まってしまっている。技術的になにか問題があるように思えた。

「要するに力まかせに振り回しているだけ。ピッチャーの投げる球を全部ホームランにしようとしているつもりらしいんだけれど、バッティングの技術がなければ、結局あんな打球にしかならない。バッティングは力じゃなくて技術なんだということに気がつかなければホームラン王は遠いな」

記者は吐き捨てるように言った。そう言われてしまうと、なんだか松井が「怪物」からふつうの平凡な選手になってしまったような気がして、ひどくさびしい気分になったのをおぼえている。

翌日、私はバックネット裏の席で、ふたたび松井のバッティングに目を凝らしていた。やはりなにかが違う、でもなにが……胸の内でそうつぶやきながら、私はじっと松井のスイングに集中していた。ふと顔を引き、視野を広くした瞬間だった。

「あっ！」

——そうだ、立ち位置が違う！

それは、およそ半足分の距離感だった。松井の従来の立ち位置から、半足分ほどホームベース寄り。つまり、松井はバッターボックスのインコースぎりぎりのところに立っていたのだ。プロの選手が自分の立ち位置を忘れることなどありえない。この半足分を、明らかに意識して松井は立っていたのだ。

この瞬間、私は、なぜ松井の打つ打球がことごとく詰まりぎみになっているのかを理解した。半足分といえばおよそ一五センチ。すなわち、真ん中のボールはすべてインコース、インコースのボールは胸元になっていたのだ。

「松井の弱点はインハイ」

そう指摘する声は少なくなかった。

インローのボールならばある程度腕が伸びるが、インハイはそうはいかない。バットを構えた位置から腕をたたんだままバットを振り出し、と同時に腰をクルッと回転させ、ボールを体の前でとらえなければならない。すなわち〝タテ振り〟だ。もちろんホームベースから離れて立てばインコースは楽になるが、今度はアウトコースに手が出なくなる。

つまり、インハイのボールを打ちこなすには高い技術が必要で、それができるのが超一流打者である。内角打ちは松井がクリアしなければならない大きな課題だった。

松井自身もそれを自覚し、内角高めのボールをなんとか克服しようと、この春季キャンプを迎えていたのだ。

結局、松井はこのキャンプでは連日、日が暮れるまでホームベースぎりぎりに立ち、腕をコンパクトにたたみ、腰の回転でボールを弾き飛ばす練習をひとり黙々と繰り返していた。ホームベースぎりぎりに立ってインコースをこなすには、〝タテ振り〟をマスターするしかないのである。

やはり松井はふつうの選手ではなかった。みずから課題を設定してそれを克服する——

—プロならば当たり前じゃないかと読者諸氏は思うかもしれない。だが、そうではない。誰もがそうであるならば、私たちは「なぜあの程度の選手で終わってしまったのか」というセリフを過去何度もいわずにすんだはずなのだ。

しかも松井は何十年にひとりといわれる「怪物」なのである。ふつうにやっていてもそこそこの数字くらい楽々とクリアしてしまう男なのだ。

進化する怪物——。

いってしまえば簡単なフレーズだが、このフレーズを私が生きている間に使いたくなる選手があと何人現れるだろうか。いずれ、この稀少な怪物に遭遇できた幸せを思う日がくるかもしれない、そんなことを考えながら、詰まりつづける打球を追いかけた一日であった。

広角ホームラン宣言

インハイ克服練習の成果は、すぐにそのシーズンの打撃成績となってあらわれた。九六年は三八本塁打。そして九七年は三七本塁打。しかもその三七本のホームランのうち、実に一九本が真ん中から内角寄りのボールをみごとに打ち返していた。

メジャーリーグでは、バッターの得意コースをホットゾーン、苦手とするコースをコールドゾーンという呼び方をする。そこからきたものだと思われるが、日本でも多くの先乗りスコアラーは打者のホットゾーンには赤、コールドゾーンには青のラインマーカーを塗っている。

他球団のスコアラーたちは、それまで青のラインマーカーをつけていた松井のインハイを赤く塗り替えざるをえなくなっていた。年間一九本もそのコースをホームランにされていたのだから当然のことだろう。

その一方で、スコアラーたちはこの年を境にして松井に新たなコールドゾーンが生じていることを見逃さなかった。

すなわち、松井は苦手とするインハイを克服するために、あえて意識的に実際のストライクゾーンよりもボールひとつかふたつ高めに設定した彼独自のストライクゾーンを頭に描いてバッターボックスに立っていた。その結果、低めのボールに対する対応がおろそかになり、スコアラーたちはそれまでは無色だったインローとアウトローに青のマーカーをつけていた。

これは考えようによっては、低めのボールは最初から捨てたというくらいに松井のインハイ対策が徹底していた証と受け止めることもできる。しかし、低めがコールドゾーンになっていることは、誰よりも彼自身が一番よくわかっていた。九八年の春のキャンプに参加する際、私にこう語ったのだ。

「インコースはライトスタンド、真ん中のボールは右中間、外角のボールはセンターからレフト方向にもっていきたい。もっと逆方向へのホームランを打っていきたいんです。たまたま振り遅れたのがレフト方向に飛んでいったというのではなくて、意識的にレフトのスタンドに向けたホームランを打ってみたいと考えています」

広角ヒットならば、かつて「広角打法」で鳴らした張本勲という生涯通算安打三〇八五本の達人がいた。最近でいえばイチローが文句なくそれだ。ただ松井が言ったのは広角ヒットではなく、「広角ホームラン」である。松井は彼らがあらゆる方向にヒットを打ち分けたように、ホームランを打ち分けたいと宣言したのだ。

パワーがあって力まかせにブンブン振り回すバッターなら、振り遅れが幸いして逆方向へのホームランになることはままある。しかし、それは「広角ホームラン」とは言わない。言ってみれば「出会い頭のホームラン」だ。松井は、右、右中間、センター、レフトと意識的に打ち分けたいと言ったのだ。そんなことをいまだかつて堂々と言ってのけた野球選手は、私の知る限りでは西武時代の清原和博と松井だけである。

しかし、この前代未聞の発言にはさらに裏の意味があった。

私はこの「広角ホームラン宣言」を、当時の松井が入り込んでしまった袋小路から脱出するために自分に課した試練、そしてそれに対する戦闘宣言のように聞こえた。九七年、松井はそれまで苦手だった内角高めのコースを克服して、三七本のホームランを打ち込んだものの、ある攻略パターンにはまり込んでしまっていた。

この年、松井に対するインハイ攻めが効果なしと知ると、相手バッテリーはすぐに配球パターンを変えてきた。松井の内角を攻めるときには、絶対にストライクになるボールは投げない、と。

つまり、松井に投げ込むインコースはすべてボール球。ということはより内側をえぐるわけだから、「本当に怖いインコース」ということになる。

その結果、当然松井の腰は引け、右足の踏み込みにためらいが出てしまう。それを見透かすようにして、勝負球は外角低めのボールになるスライダー、あるいはシンカーを投げ込む。この単純といえばきわめて単純な投球パターンが意外に効果のあることがわかったのだ。

「松井にはストライクゾーンで勝負をするな！」

松井攻略の新しい鉄則は、すぐに他球団のバッテリーに浸透していった。そしてホージーとのホームラン王争いが苛烈《かれつ》になった一〇月になってから、松井のバットからは柵越えの快音は聞かれず、一本差という苦杯をなめる結果になってしまった。

つまり、九八年の「広角ホームラン宣言」とは、こうした前年の松井攻略法に対する戦闘宣言だったというのが私の解釈だ。

——今年は去年のようにはいかないから。

私にはそう松井が言っているように聞こえた。

「コマのように」

ホームランバッターというのは、一種の「天才」である。野球にかぎらず天才たちは、われわれ凡人にははかりしれないさまざまなある種の「名言」を残している。

ホームランを打つ〝極意〟について、かつて王貞治は、ボールを「送り返す」という言い方をしている。あるいは掛布雅之は「潰す」とも言っている。また門田博光は「砕く」と答えている。かつてのホームランバッターたちは、それぞれにバットがボールをとらえる瞬間を感覚的に表現しようとしてきた。

九八年のキャンプのとき、私はその質問を松井にぶつけてみた。

「また、その質問ですか――」

と言って、松井は人なつっこい笑顔を見せた。

実はこの質問を私はその二年前の九六年にもしている。彼はそのことをちゃんとおぼえていたようだ。

ホームランバッターがボールを打つ瞬間、どういう感触を得ているかということについて私は興味があった。それゆえ、意識的に同じ質問を繰り返したのだ。もちろん同じ質問でありながらも、その答えは成長の度合によって大きく異なる。

九六年には、松井は私にこう答えている。

「とくに意識はしていません。あえて言えば……バットの先端にロケットがついているような感覚というんですか。ピンポン球をたたくと上に跳ね上がるでしょ。要するにあれです」

正直言って、なんのこっちゃという答えだった。ただかつての天才たちの「名言」のようになんとなく感覚的にはわかるような気もした。

しかし、このときの松井の体の状態をあとになって客観的に分析してみると、とても正直な感想を述べてくれていたことがわかった。

当時の松井は、ひとつの壁にぶちあたっていた。要するに彼は左手の握力が強すぎるのだ。その影響でインパクトの瞬間、左手の手首が返ってしまい、ボテボテのゴロになってしまうことが多かった。ホームランを追求する過程においてとにかく打球を高く上げたい、きれいな放物線を描く打球を打ちたい、との志を抱いていた。

そんな思いが「ロケット」「ピンポン」という言葉になったのではないか。そしてその年の開幕の時点では、松井の左手首はみごとに矯正されていた。

彼の言葉を借りれば「手首を返すのではなく、自然に返るようにした」というのだ。どういう方法で矯正したかについては聞いていないが、彼はバッターボックスに立つと、まず左手のてのひらを、エサを待つ池の中のコイのようにパクパクさせるという奇妙なしぐさを始めた。

松井の左手首の事情を知らなければ、ほとんど意味のない動作にしか見えない。それからバットを握る。これが功を奏してか、打球は美しい軌道を描くようになった。たぶん、グリップを握る直前に左手の緊張をほぐすことで、よけいな力が入ることを防いでいたのだろう。


それから二年が経過した。同じ質問に松井はこう答えた。

「最近はコマをイメージするようにしているんです」

天才の言葉はいつも唐突で感覚的だ。

「ほら、子供のころお正月に遊びませんでした？　あのコマです。あのイメージなんです。ピッチャーの投げるボールを、体を軸にした鋭い回転で一瞬にしてとらえて打ち返す。あのコマの回転するイメージで……」

たしかに体の軸がブレなければ、前に突っ込むこともないし、変化球に体を泳がせたりすることもない。一点の支えによって軸を回転させるコマの動きは、バッティングの理想的なイメージだろう。

しかし、そのためにはブレを生じさせない頑強な体力と並みはずれたスイングスピード、そしてそれを支える強靭な筋力が必要になる。それらを確かなものにしつつあった松井ならではの正直な回答というべきかもしれない。

以前、オリンピックの実況中継でアナウンサーがしきりに「また日本選手はプレッシャーに負けた！」ということを絶叫していたとき、テレビを見ていたあるおばあさんが「プレッシャーとかいう選手は憎たらしいねえ。でも、なんで日本の選手ばかり目のかたきにするんだろう」と言ったという、ウソかマコトかわからない笑い話もある。

つまり、勝つためにはもちろん根性も必要だが、それだけでは勝てない。とくにここ一番で力を発揮するには、「勝つイメージ」をもつことの重要性が、科学的な裏付けもあって強調され始めた。いわゆる「イメージトレーニング」だが、スポーツ選手がそれを意識するようになったのは、いつごろからだろうか。

優秀なスポーツ選手たちは、たいてい自ら思い描く理想のイメージをもち、それを追求している。このころの松井の頭のなかには、鋭く回転するコマのイメージがあったのだろう。バッティングはみずから思い描くイメージひとつでまったく違ってくる。

「広角ホームラン宣言」で始まった九八年の松井は、左ひざの痛みに悩まされながらも、ペナントレースが終わってみれば、本塁打三四本、一〇〇打点で二冠に輝いている。

シーズン終了後、食事をする機会があった。鍋をいっしょにつつきながら、彼は一年をふりかえってこんな感想を述べた。

「今年は自信になった一年でした。ひざのけががあってもあの結果なんですから。けがさえなければって考えたら……」

けがさえなければ三冠を取れたのに、と考えるか、けがをしていても二冠を取れた、と考えるかでは、同じ成績であっても自分自身に対するイメージはまったく違ってくる。少し前にはやった言葉で言えば「ポジティブ・シンキング」ということになるかもしれない。前向きな発想をどこまで自分のなかでもち続けることができるかどうかが、大選手の条件といってもいいかもしれない。松井には明らかにそれがある。

この年、松井自身にとって印象的な一本のホームランがあった。五月一〇日、中日の野口茂樹から打ったものだ。松井はそれまでこの同期のサウスポーを苦手にしていた。野口は松井に対して、アウトコースいっぱいからボールゾーンに流れるスライダーをウイニングショットに使い、松井はその球に思わず手を出してしまい凡打の山をきずいていた。

しかし、このときの打席は違っていた。変化球に目を奪われることもなく、野口の投げた一四〇キロ後半のストレートをみごとに左中間スタンドにたたき込んでみせたのだ。体の中心軸には寸分のブレも見せない、まさに「コマの回転」のようなバッティングだったといえよう。

「あのホームランがあったから、結果として二冠を取れたようなものだと思っています。ぼくの野球人生を考えたとき、間違いなく転機になった一発だと考えています」

松井はみずから壁を設定する目的意識の高さと、その壁を乗り越えようという闘志を合わせ持っている。それが「進化する怪物」の原動力なのだろう。

「両面待ち」

二〇〇二年、東京ドームでの対ヤクルト最終戦のことだった。

松井は八回裏に回ってきた最終打席で五十嵐亮太の投げた一五〇キロのストレートを左中間スタンドにたたき込んだ。実はここにいたるまでにこの打席には若干興味深い経緯があった。

その一球前のボールを松井は打ちそこねている。打球は高々と打ち上がってしまい、だれもが万事休すと思った。ところがそのフライを追ったヤクルトのキャッチャー米野智人がファウルグラウンドで目測をあやまってそのボールを落球してしまったのだ。スタンドの異様な空気が目測を誤らせたのかもしれない。

「全部ストレートで勝負してくれた五十嵐君に感謝しています。もしフォークを投げられたらたぶん打てなかったと思います」

正直な発言だ。

その打席を少し解説してみるとこうなる。

命拾いのファウルのあとのカウントは2—1。この打席で五十嵐は一球もフォークを投げていない。当然、このカウントではフォークを意識するのが定石だろう。インタビューの松井の発言はそのことを裏付けている。ところがフォークを待っていたところに一五〇キロの速球がきたのだ。

バッターという生き物は、速球を待っているところにフォークを投げられたら、あるいはフォークを意識しているところに豪速球をズバッと投げ込まれたら、ふつうは対応できるものではない。だからバッターの予想を外したボールがピッチャーにとっては「武器」になり、打者にとっては「脅威」となるというのが常識だ。

ところが松井はその常識をこの打席で平然とくつがえしてしまった。彼はその打席でフォークと速球の両方を待っていたということになる。つまり麻雀でいうところの「両面待ち」をやっていたのだ。

松井は『あしたのジョー』なのかもしれない、という仮説

二〇〇二年のシーズン、松井は初めてホームランの数を五〇本台に乗せている。また打点も自己最多の一〇七打点。シーズン終盤になってから打率は中日の福留孝介に抜かれてしまったものの、それでも三割三分四厘という結果は堂々たるものだ。結果として三冠王は逃したが、内容として見れば過去に三冠王を取った選手たちの成績とくらべても遜色はない。

この二〇〇二年の松井の成績に関して奇妙なデータがある。さきほどの五十嵐からのホームランもそうなのだが、松井はバッター・イン・ザ・ホール、つまり追い込まれてからの本塁打の数がやたらと多いのだ。この年一九本のホームランを追い込まれてからたたき出している。

過去、日本には五五本のホームランを打ったバッターが三人いる。王貞治（六四年）、タフィ・ローズ（〇一年）、そしてこの年のアレックス・カブレラである。

この三人の二ストライク後のホームランの数を見てみると、王が一三本、ローズが一四本、カブレラが一六本となっている。ホームランの数では松井の数を上回っているも

のの、二ストライク後のホームランの数では松井を下回っている。

では、この数字をいったいどう考えたらいいのだろうか。

私はふと漫画の『あしたのジョー』のことを思い出した。よく知られているように、この漫画は斎藤清作という実在したボクサーがモデルになっている。往年のボクシングファンには説明するまでもないが、斎藤清作とは、一九八五年夏に不慮の事故で亡くなったコメディアン・たこ八郎のことだ。ボクサー時代の彼は、実際にジョーと同じように両腕をダラーンと下げる独特のボクシングスタイルをとっていた。

わずかに残されている当時の斎藤清作の試合を記録したフィルムを見ると、辰吉丈一郎がパフォーマンスで試合中に行なう挑発的なポーズともまったく違う。もっと異様な印象を与えるものだ。それは挑発ではなく、むしろ相手を誘い込むような不思議な緊張感を漂わせていた。この斎藤清作のスタイルをそのまま劇画で再現したのが、矢吹丈のあの両手ぶらりのノーガード戦法というわけだ。

松井に話を戻そう。二ストライクを簡単に取ってしまったピッチャーというのはなにを考えるものなのだろうか。その投手の性格やキャッチャーの指示によっても違ってくるかもしれない。「じっくり料理してやるか」「なんとか追い込んだぞ」と思うか、あるいは「今回は松井を打ち取れるぞ」と一瞬考えるピッチャーもいたかもしれない。

二ストライクに追い込むと、カウントに余裕があれば一球外にはずすのがいまの野球では当たり前のようになってしまったが、そうではないピッチャーもいた。

たとえば江川卓は二ストライクを取ると、躊躇《ちゆうちよ》せずに次の一球で勝負していた。完投するためには無駄なボールは一球も投げたくなかったのだろう。

つまりバッター・イン・ザ・ホールとは、実はバッターとピッチャーのそれぞれが対等にその真価を問われる状況なのかもしれない。ピッチャーは自分のとっておきのウイニングショットで勝負に挑んでくる。バッターは一球の打ち損じも許されない。そこでホームランを打ったということは、ほんとうにその投手に打ち勝ったということであり、抑えたということはほんとうにその打者を自分の投球で圧倒したということになるのではないか。

二ストライクに追い込まれた松井は、もしかすると対戦しているピッチャーには、両腕をぶらりと下げてリングに立っているジョーのように見えるかもしれない。

「さあ、おまえの最高のボールをオレに投げてみたらどうだ」

バッターボックスで松井はまるでそう誘っているようだった。

二ストライクからのホームランの数の多さは、そうした対決を物語っているのではないだろうか。

「追い込まれている」のではなく「追い込ませている」

では、はたしてそんな芸当のできるバッターがいままで日本の野球界にいたことがあるだろうか。落合博満がそうである。

しかし、落合と松井を比較してみると野球人としての人生はあまりにも対照的といっていいだろう。わかりやすく言えば、雑草とエリートだ。

高校時代の落合は、野球部に一度は在籍したものの体育会系の体質が肌に合わず、まともに野球をやってはいない。それどころかそもそも学校にもろくに行かず、毎日街の映画館に通っていたというエピソードを残している。大学（東洋大）に行ってからも野球をやめてしまったりもしている。あるいはプロボウラーを本気でめざしていた時期もあったくらいだ。

「怪物」の松井に対して、落合のほうは「野球渡世人」といった肩書きのほうがよく似合う。

ロッテ時代の一九八五年、落合は自己最高の打率三割六分七厘の成績で首位打者を取り、五二本の本塁打、一四六点の打点で自身二度目となる三冠王を取った。

この成績で注目すべきは彼の二ストライク後の打率だ。ふつう三割打者であっても、二ストライク後の打率となるとせいぜい二割そこそこ。ところが落合の場合、なんと三割七分四厘と彼自身の平均打率を上回ってしまっているのだ。

この数字について、〝記録の神様〟として知られる宇佐美徹也氏はこう分析している。

「これは彼がわざと追い込ませてから打っているからだと思います。追い込ませた方が狙い球がしぼりやすいですからね。要するに落合は相手ピッチャーのウイニングショットを〝待ち伏せ〟しているんですよ」

この落合についての宇佐美氏の分析は、そのまま松井にも通じるものだった。

第四章

あがく男たちの選択

西本聖――「スタートがいきなり逆境」だった男の選択

毎年ドラフト会議で注目されるのは、上位指名の選手たちである。一位、二位あるいは三位指名くらいまでならそこそこの注目度がある。ところが、それより下の指名順位になってくると、テレビや新聞もほとんど取り上げないし、スポーツ新聞等を見てもとおり一遍の紹介しかなく、どんな選手なのかよくわからない。

それでもいまの新人選手は規定によってすべてドラフト会議で指名される。順位は下であっても、一応指名選手なのだ。しかし、ひと昔前には、そうでない選手もいた。ドラフト会議では指名されずに、その後入団の打診を受け、ひっそりと入団してくる選手たち。彼らは「ドラフト外」選手と呼ばれていた。

一般社会で言えば、青田刈り入社の幹部候補社員に対して、おまけの補欠合格で採用された新卒ヒラ社員といったところか。同じ社員であっても、最初から期待感も待遇もまったく違うスタートラインに立たされるわけだ。

最初からあまり期待もされていない「ドラフト外」選手たちは、数年で結果を出さないとお払い箱になってしまう。いわばプロに入った瞬間から逆境に立たされているのである。

西本聖（現阪神投手コーチ）もそんな「ドラフト外」選手であった。

彼のプロ通算投手成績は一六五勝（一二八敗）である。巨人に在籍していた当時は、あの江川卓とエースの座を争った文句なしの一流投手だ。その西本は、

「ぼくは巨人に入ってから初めてハングリー精神というものをもつようになった」

と語っていた。

西本は四国の名門・松山商業高出身だが、彼自身は一度も甲子園に行ったことはない。それゆえスカウトたちの注目を浴びることもなく、七五年にドラフト外で巨人に入団している。

その年のドラフトの目玉は鹿児島実業高の定岡正二だった。定岡は西本が行けなかった甲子園に出場し、まだ一年生ながら五番に座り注目を浴びていた原辰徳の東海大相模を相手に延長一五回に及ぶ死闘を制し、一躍マスコミの寵児《ちようじ》となる。そして堂々の一位指名で巨人に入団した。しかも入団早々、春の宮崎キャンプで、当時の監督だった長嶋が定岡の甘いマスクに着目して「サダ坊」という愛称をつけたために、またたく間に人気者になっていった。

その定岡を遠くで見ていた「ドラフト外入団」の西本は、当時をふりかえってこんな感想をもらしている。

「とにかく定岡はカッコよかった。同期といっても、ライバルなんてとんでもない。当時のぼくからすればあこがれの存在でした。契約金だってあいつは五〇〇〇万なのにこっちは八〇〇万ですよ。てんでお話にならない。彼が動くとファンも報道陣もぞろぞろとそのあとをついて回る。

そのときにこっちはブルペンでひとりで投球練習をしているんだけれど、誰も見向きもしない。監督もコーチもまったく無視ですよ。だから毎日がほんとうにやりきれない気持ちでいっぱいでした。プロになってまず最初に考えたことは、どうやったら監督やコーチが振り向いてくれるかということでした」

西本の一軍初登板は二年目の七六年だった。しかしその試合で西本はマウンドには上がったものの、逆転負けを喫してしまい、試合のあとで彼はバッティングピッチャーを命じられる。

西本からすれば、ドラフト外とはいえ自分はジャイアンツに投手として入団したのだ、それがどうして試合に投げずに打撃練習のための投球をしなければならないのかと考え

西本聖——足を高々と上げる独特のフォームが記憶に残る

てしまう。もともと負けん気の強い彼にとってこの仕打ちは屈辱そのものだった。鬱屈《うっくつ》した気持ちは投球に怒りとなって噴出した。西本は打撃練習でバッターボックスに立っている打者に向かって本気でシュートを投げ始めた。調整のために気楽に立っている打者に向かって、いきなり胸元をえぐるようなボールが投げ込まれる。これでは調整どころか、調子が狂ってしまう。しまいにはバットを折る者まで出てきた。

「おまえ、いったいなに考えてるんだ！」

西本の異常な気配に気づいたコーチが叫んだ。

その三日後、彼は正式に二軍行きを命じられた。ものごとがすべて裏目裏目に進んでいった。

しかし、そこから先の話が、西本が並みの選手ではないことを物語っている。

二軍落ちを言い渡された西本は、そのまま長崎で開催されるイースタンリーグの試合に行くことを命じられた。そして翌日には先発登板を言われ、そこで一対〇の完封勝利を収めた。そして、この年はファームの試合で一二勝をあげ、イースタンリーグの最多勝投手に輝くのである。

「もうこんなくやしい思いをするのはたくさんだ！」

そう考えた西本は、シーズンオフになると死にもの狂いのトレーニングを開始した。バランス感覚を養うために、彼が考えだしたのは一本歯の下駄によるトレーニングだった。外出の際にはいつも足元の不安定な下駄をはいた。電車に乗ると振動でよろけてしまい、思わずそばにいる人の足をふんづけてしまうことがあった。そのために一本歯をはいた西本が電車に乗ってくると人々はあわてて逃げ出したというエピソードまで生んだ。

またいまでは当たり前になってしまったが、当時はまだ「肩を冷やす」という理由でトレーニングメニューに入っていなかった水泳を、手首を強化するためのトレーニングとして積極的に取り入れた。瀬戸内海の漁師の家に生まれ小さいころから海に親しんでいた彼は、泳ぐことがどれくらい効果的なトレーニングであるかということを体験的に知っていたのだ。

手痛い挫折を味わった翌年、七七年に西本は一軍に復帰するとすぐに頭角をあらわした。先発と中継ぎをこなし、結局この年はフル稼動で八勝五敗四セーブという成績を残したのだ。

こうしてローテーションの一角をしめるようになってからの活躍は、まさに目を見張るものがあった。八〇年にはふた桁の一四勝をあげ、さらに八一年には一八勝で沢村賞を獲得した。

「雑草は踏まれるほど強くなる」とは、西本のためにあるような言葉だった。

野口寿浩――「どうあがいても出世できない」男の選択

「運も才能のうち」という言い方がある。人によってはずいぶんと残酷に聞こえてしまう言葉だ。とりようによっては、人間をなげやりにしてしまうかもしれない。

日本ハムのキャッチャー野口寿浩の場合、九〇年にヤクルトにドラフト外で入団したのがプロ野球選手としてのスタートだった。

このとき同期のドラフト二位で指名されていたのが古田敦也だった。古田はこの年就任した野村監督のもといきなりレギュラー捕手に抜擢されると、ＩＤ野球をたたきこまれ、数年のうちに球界を代表するキャッチャーへと進化をとげていく。野口にとって、古田がいるかぎり自分の出場機会など望むべくもない状況ができあがっていったのである。

ところが九四年、古田のけがでチャンスがめぐってきた。それまでの四年間でたった一試合しか一軍出場のなかった野口がこの年は六四試合に出場し、キャッチャーとしての地歩を築き上げていった。

打者古田に対するセ・リーグ投手陣たちのきびしい投球、あるいはキャッチャーがけがの多いポジションであることを考えれば、野口のチームにおける存在感はそれなりに確立されつつあった。

ところが彼にとっては不運としか言いようがない事態がめぐってきた。九六年に監督の息子カツノリがドラフト三位で入団してきたのだ。困ったことに彼のポジションも捕手である。

カツノリの捕手としての実力のほどはともかくとして、彼はいってみれば社長の御曹司のようなもの。野口にしてみれば実力以前の問題で、それまで築いてきた二番手捕手の座すら明け渡すことになってしまったのである。

ヤクルトにいるかぎり、試合に出る機会はまずない。そう考えた野口はみずから他球団に移籍したい旨をフロントに告げた。その結果、日本ハム・ファイターズへの移籍が実現する。

ヤクルトに入団したのが古田と同時期だったことは、野口にとってみればひとつの不運である。しかし、これも違った見方をすれば、球界一といわれる捕手の技術を間近に見ることのできる機会にめぐり会うことができたともいえる。実際、野口はヤクルトに在籍しているあいだに、野村直伝といわれる古田から配球について学んでいる。

しかし、野口のヤクルトでの居場所は、いくら技術をみがいたとしても古田がいるかぎり二番手、控えでしかないことに変わりはない。いわば野口は「どうあがいても出世できない男」であった。ある意味ではカツノリの入団は、そのことを野口自身に気づかせるいいきっかけだったと言えるかもしれない。

——ヤクルトが自分を必要としているのではなくて、もう自分がヤクルトを必要としていないのだ。

その決断のタイミングは絶妙だった。ゲームで緊急にして的確な判断をいつも迫られる捕手という野口のポジションと無関係ではないかもしれない。

事実、野口は日ハムに移籍するや、たちまち正捕手の座を獲得した。そして持ち前の肩の強さ、勝負強いバッティング、そして走れるキャッチャーとしての才能を一気に開花させた。この年、野口はオールスターにも出場している。彼にとってはヤクルトでくすぶっていた時期がウソのような活躍ぶりだった。

よくいうではないか。運は向こうからやってくるものではなく、こちらに引き寄せるものだ、と。

プロ野球ほど明暗がはっきりしている世界は他にないかもしれない。

新浦壽夫——「早く二軍に落としてくれ」が本音だった

一七年の五月から六月にかけて、プロ野球の巨人軍は球団史上ワーストとなる一三連敗を喫した。

ちなみにそれまでのワーストは、七五年九月四日から九月一七日にかけて記録した一一連敗（一分けを挟む）である。

この七五年、巨人は球団史上初の最下位に終わった。自他共に認める〝球界の盟主〟の沈没であった。指揮官は前年に引退したばかりの〝ミスター・ジャイアンツ〟長嶋茂雄。〝名選手、名伯楽に非《あら》ず〟との格言が連日のようにメディアをにぎわせた。

その長嶋の寵愛を一身に受けたのがプロ入り八年目のサウスポー新浦壽夫《にうらひさお》である。出れば負けの繰り返し。それでも指揮官は未完のサウスポーを使い続けた。シーズンが深まるにつれ、その傾向はより強くなっていった。

「新浦を一本立ちさせない限り、巨人の復活はない」

しかし、それは新浦にとっては〝ありがた迷惑〟な話だった。

「当時の後楽園球場はライトの横にブルペンがあった。そこまで歩いていくと〝オフロでも行くのか⁉〟というヤジが飛んできた。要するに〝オマエはいらない。もう帰れ〟という意味ですよ。

それ以上にショックだったのは僕がマウンドに上がるとスタンドから通路に向かって、お客さんが一斉に帰り始めるんです。その様子がマウンドから全部見える。早く二軍に落としてくれ、と毎日、そのことばかり願っていました」

二軍に落とさないでくれ、と首脳陣に懇願《こんがん》した選手はたくさん知っているが、その逆は後にも先にも新浦ひとりだけである。

屈辱の最下位の戦犯として

新浦が脚光を浴びたのは六八年夏の甲子園だ。静岡商のエースとして出場した新浦は長身から投げ降ろす快速球を武器に、チームを準優勝に導いた。

この好投に目を付けた巨人は同年秋、ドラフト会議を待たずして新浦を獲得した。当時はルール上、外国籍の新浦に対し、自由に交渉することが可能であったためだ。

川上哲治の指揮によるV9は六五年にスタートして七三年に終わる。新浦は七一年に四勝、七三年に三勝を挙げるが、まだローテーションの一角に食い込むほどの力は持ち合わせていなかった。

それでもV10が阻止された七四年には七勝を挙げ、翌年からスタートする長嶋巨人では大いなる飛躍が期待されていた。

ところが、である。笛吹けども踊らずなのか、笛の吹き方に問題があったのか……チームは開幕間もなくして最下位に転落、新浦も勝てない日々が続いた。

終わってみれば三七試合に登板して二勝一一敗。当然のことながら球団史上初の最下位の〝戦犯〟のひとりとして名指しされた。

「あの年は何もかもがチグハグでした。長嶋さんが引退して監督になり、頼みの綱の王貞治さんも四月にふくらはぎを痛めてしまった。甲子園での打撃練習を見た時のことです。阪神の選手はコーン、コーンと競ってフェンスオーバーしているのに巨人の選手の打球は誰ひとりとしてフェンスを越えない。〝これじゃ勝てないよな〟と……」

笑うに笑えない話がある。

「僕は投げたくないものだから、極力、長嶋さんとは顔を合わせないようにしていました。顔を合わせると〝おっ新浦、行くか！〟となるんです。だからベンチでも常に長嶋さんに見つからない場所に座るようにしていました」

地獄を見た男にはすべてが天国

捨てる神あれば拾う神あり——ある日、新浦はワラにもすがる思いで阪神のエース江夏豊に直訴した。サウスポーの新浦にとって江夏は仰ぎ見る先輩だった。

「カーブの使い方を教えて下さい」

「右バッターには外からのカーブ、左バッターには内側のカーブを使ってみろ。ピッチングの幅が広がるから……」

今でいうバックドアとフロントドアである。これをマスターすることで自慢のスピードボールが生きるようになった。

八月三一日、神宮球場。二軍から上がったばかりの新浦はヤクルト相手にシーズン初勝利を一安打完封で飾った。この好投で得た自信が翌シーズンの躍進へとつながったのである。

とはいえ七五年は、新浦にとっても巨人にとっても最悪のシーズンだった。年が明けると反省も込めて新浦は禁煙を決意した。

自主トレの場でそのことを長嶋に告げた。帰ってきた言葉は意外なものだった。

「勝ち負けはオレの責任だから余計なことは考えるな。オレが許可するからケツの穴からヤニが出るまでタバコを吸ってみろ」

人間、あれもやるな、これもやるなと言われれば、意欲は萎《な》えるし、気も滅入る。最下位からV字回復を果たすには、むしろ荒療治が必要だとミスターは考えたのかもしれない。

七六年、長嶋巨人は張本勲、加藤初ら移籍組の活躍もあってV奪回を果たす。投手陣の中心は先発にリリーフにと大車輪の働きをし、一一勝一一敗五セーブの好成績を挙げた新浦だった。

「不思議なものですね。以前は長嶋さんと目が合わないようにとベンチの隅に座るようにしていた。それが長嶋さんの前を堂々と歩いていましたから（笑）」

七六年から七九年にかけて、巨人を支えたのは間違いなく新浦である。連覇を果たした七七年は自身初のタイトルとなる最優秀防御率（二・三二）に輝いた。七八年は六三試合に登板し、一五勝一五セーブ、防御率二・八一で二度目の防御率のタイトルを獲得。七九年も二年連続で一五勝をマークした。

「酷使だという人もいたけど、僕は全くそうは思わなかった。〝新浦行け！〟〝はい行きます。なんでもやります〟そんな気持ちでした。二勝一一敗の苦しさを思えば、全てが天国でしたね」

地獄の淵を覗いた男だけが口にできる虚心のセリフである。

鈴木尚広——代走でオールスターに出場した男

スピードに乗った躍動感あふれるプレーで、一躍、一五年ドラフトの目玉に躍り出た選手がいる。

関東一高の外野手・オコエ瑠偉だ。

ナイジェリア人の父と、日本人の母を持つ一八歳は、夏の甲子園、初戦の高岡商高戦で、大会史上二人目となる一イニング二本の三塁打を記録して世間を驚かせた。

オコエは語っていた。

「距離は長ければ長いほど得意。二塁打はトップスピードに乗る前に二塁ベースに着いちゃうので、三塁打が一番速い」

日本中に鮮烈な印象を与えたオコエが走塁や盗塁に際し、参考にしていると言われるのが巨人の鈴木尚広だ。言わずと知れた〝走りのスペシャリスト〟である。

「彼はプロに入ってくるんでしょう？　潜在能力が抜けているし、プレーがアグレッシブ。今後が楽しみですね」

鈴木はそう言って目を細めた。

一五年夏、三七歳のベテランは、プロ入り一九年目にして、初めてオールスターゲームに出場した。

本拠地・東京ドームでの初戦。二対四と全セ二点のビハインドで迎えた五回無死一塁、全セの代走に起用された鈴木は初球に二盗を決め、梶谷隆幸（横浜ＤｅＮＡ）の左中間二塁打で本塁を踏んだ。

「僕にとってオールスターは縁のないところだと思っていたので、多少の緊張感はありました」

そう前置きして、鈴木は先のシーンを振り返った。

「僕の仕事は盗塁を決め、本塁まで帰ってくること。シーズン中と変わらない仕事がオールスターでもできた。いい場面で使ってくれた（全セの）原辰徳監督には感謝の言葉もありません」

入団以来、一軍で一四年かけてコツコツと積み上げてきた二一六盗塁（一五年八月三一日現在）のうち、実に一二〇が代走での記録である。一四年五月に、それまで藤瀬史朗（近鉄）が保持していた代走での日本記録一〇五を抜いて以来、文字どおり独走状態だ（現役引退までに一三二まで記録を伸ばした）。

「足で生きていく」という決断

もちろん、最初から〝代走屋〟を目指していたわけではない。九七年にドラフト四位で福島の相馬高から巨人に入団。七年目の〇三年には一〇四試合に出場した。外野の他にセカンドも守った。

だが、レギュラーに定着することはできなかった。チーム内の競争が激しいことに加え、故障にも泣かされた。

生き残るには、何が必要か。「唯一、勝負できる可能性がある」と自分なりに判断したのが「足」だった。

「これまで、チームに足の速い選手が次々に入ってきました。しかし、自分を越える選手はいなかった。実際、今でもタイムを計ったら、僕が一番なんです」

足で生きていくと決めた以上、失敗は許されない。少ないチャンスをものにしなければ代走屋に次はない。

同じ盗塁でも、スタメン出場でのそれと代走でのそれとでは、鈴木に言わせれば「責任の重みが違う」のだ。

次のベースを盗むに際し、最も大切なのはスタートである。

「九〇％はこれで決まる」

それが鈴木の持論だ。

「二七・四三一メートルの塁間での勝負となると、初速がほとんど全てと言っていい。途中で巻き返すのは困難です」

外から見ていると、盗塁は類稀なる集中力の産物のように思えるが、実はそうでもないらしい。

塁上のマエストロは言う。

「一点だけに集中し過ぎると、逆に固まってしまって、いいスタートが切れないんです。

よく〝ピッチャーのクセを盗むことが大切〟という人もいますが、それもどうか。そこばかり意識すると、自分の感性が鈍ってしまう。そう、何よりも大切なのは自分の感性なんです」

相手を意識するのではなく、いかに相手に意識させるか

走る上でのコツもある。「かかとの内側を使う」のだ。

これは本人に説明してもらうしかない。

「人間、かかとの内側を意識すると、骨で立てるようになるんです。すると、姿勢が真っすぐになる。逆に気持ちが先走ると、スタートを切る際、ツマ先に重心が移動する。その反動で、一瞬、体重が後ろにかかっちゃうんです。

それにね、ツマ先で立つと、筋肉が固まってしまって、最大の筋力を発揮できにくい。その点、骨で立つと（筋肉が）少しだけ緩むんです。筋肉は緊張し過ぎても緩め過ぎてもいけない。この中間あたりが一番いいと思いますね」

鈴木が理想とするのがチーターやワニの動きである。獲物を襲う際のスピードは目にも止まらない。チーターについては映像で見たことがあるが、ワニもそうらしいのだ。

「動きのいい動物を見ればわかりますが、だいたいが〝静から動〟ではなく〝動から動〟なんです。静止している時間が少ない。止まっているということは、すなわち相手を見過ぎている。盗塁で言えば、相手ピッチャーを凝視し過ぎて、後手を踏んでしまっているんです。

だから塁上で、僕はいかに相手を自分の世界に引きずり込むか、ということばかり考えています。僕がピッチャーを意識するのではなく、ピッチャーが僕を意識してくれれば、主導権を握られる。それだけ盗塁の成功率も高くなってくるんです」

巨人の選手の中で、鈴木は誰よりも早く球場にやってくる。東京ドームで一八時試合開始の日は、九時には起床し、一一時には球場に姿を現す。

盗塁同様、いい一日を送るにはスタートが大事なのだ。

「レギュラーなら、毎日試合に出られて、試合勘を養うことができる。しかし僕のように出る日もあれば出ない日もある選手は、早めに準備に取りかかり、自分自身で感覚を磨いておかなければ、いざ出番となった時、いい仕事ができないんです。齢をとってケガが少なくなってきたのも、いい準備ができている表れだと思っています」

準備なくして、成功なし――。

それが達人の哲学である。

第五章

監督たちの選択

伊原春樹の選択

二〇〇二年に西武ライオンズをぶっち切りのリーグ優勝に導いた監督の伊原春樹は、二〇〇〇年には阪神タイガースのサードベースコーチとしてコーチャーズボックスに立っていた。そこでこんな経験をしている。

当時の阪神の監督・野村克也はコーチャーズボックスに立つ伊原に、盗塁のサインを一任していた。塁に出た選手は伊原の指示にしたがって走り、成功することもあれば失敗することもある。それが盗塁だ。一〇〇パーセントの成功などありえない。

ところがある試合で塁に出た選手が伊原のサインで二塁に走り、刺されてしまった。試合のあと、野村は伊原をひどくなじった。

「いったい、おまえは誰のために野球をやってるんだ！　自分が目立ちたくてあそこに立っているんだろ！」

伊原は野村の罵倒を黙って聞いていた。しかし、心の中ではこう野村に反駁《はんばく》していた。

——あんたはオレがあそこでどんな気持ちで立っているかわかっているのか。口の中はカラカラに渇いてしまい、自分で自分の心臓の音が鳴っているのがはっきりわかるくらいに緊張して立っているんだ。出したサインで走り出す選手に、声にこそ出さないがオレは祈っている。「頼む、成功してくれ！」と。試合に勝ちたいからサインを出しているんだよ！

その日を境に伊原はみずからの判断でサインを出すことを野村から禁じられた。つまりベースコーチとしての指揮権を剝奪されたのである。

しばらく伊原はベンチの指示を選手に伝えるだけの〝信号機〟としてコーチャーズボックスに立っていた。これでは阪神のチーム状態はいっこうに上向かない。

ふたたび野村は伊原にサインを出すことを許可した。しかし、そのときにはもう伊原の中に以前のようなアグレッシブな気持ちはなくなっていた。

当時、試合後のミーティングは、ほとんど野村のひとり舞台だった。彼は試合で失敗した選手を責めつづけた。「あそこでああしたから、ああなったんや。このアホ！」というように。

理論的といえば聞こえはいいが、要するに結果論でしかなかった。結果がわかっていればいくらでも言える。そんなミーティングが一時間、二時間と続くのが毎度のことだった、と伊原は言う。

たしかに近代野球の指導者には論理的でしかも科学的な説明が要求される。いまはもうかつてのように監督がベンチで、選手に向かって「行けェー！」「打てェー！」と怒鳴りまくる時代ではない。

しかしグラウンドで実際に行なわれている試合が、生身の人間がやっているものだということを忘れてしまったらコンピュータゲームと変わらなくなってしまう。論理的であるということと人間を無視した采配とは別物だ。冷静さと冷酷さも似て非なる言葉だ。伊原は一年間の阪神でのコーチ経験からさまざまなことを学んで古巣ライオンズに戻った。

お人好しの三〇歳を生かす選択

伊原が監督に就任すると、貧打に泣いていたライオンズの得点力が増加した。その原動力となったのが五番に定着した和田一浩である。和田はそれまでキャッチャーを本職にしていたのだが、伊原はDHに抜擢した。その結果、彼の打撃成績は一気に向上し、対戦相手は一発が怖いアレックス・カブレラを歩かせるという戦法がとれなくなってしまったのだ。

二〇〇二年八月、パ・リーグのトップを独走しながら後半戦に入った伊原監督に、私はインタビューを行なった。

――和田のDHは大成功でしたね。

伊原　実は昨年の秋に、ぼくが監督を引き受けることが決まったと同時に彼には言ってあるんです。「もうミットはいらないから」って。本人は相当のショックだったみたいですけどね。ぼくは以前から彼はキャッチャーには向いていないと思っていた。そもそも人間が正直すぎるんで、人の裏をかくとかだますとかいったことができないんですよ。

――言葉は悪いですけど、要するに打者をだまくらかすのがキャッチャーの仕事ですからね。

伊原　そうそう。どうしてもズル賢さがなくてはやっていけないんです。これが二〇代前半の選手だったら、教えようによっては人柄はいくらでも悪くなれる（笑）。しかし彼はもう三〇歳ですから。いまから急に「明日から古ダヌキになれ」といってなれるものじゃないですよ。それよりもバッターに専念する方がいいと考えたんです。彼はそもそもバッティングがいいんですから。それに足もある。バントもうまい。小技がいくらでもできるんです。

去年は、一点差を争うようなゲームの六、七回に四番のカブレラが打席に立つと、相手のピッチャーがこわがってフォアボールにしてしまう場面が多かった。でも、その次のバッターがなにも考えないで打ってしまい、ポーンと打ち上げて万事休すというケースをずいぶん見ている。だからとにかくカブレラのあとに和田ということは最初から考えていました。

——五番打者をポイントゲッターにするという発想はこれまでもありましたけれど、伊原さんは和田をゲームメーカーにしているわけですね。

伊原　そういうことです。ぼくの頭の中にあるイメージはヤクルトの古田敦也なんです。彼が五番にいるためにうっかりペタジーニをフォアボールにできない。古田は長打もあれば、エンドランもバントもできますからね。彼がいることでヤクルトの打線は、文字どおり〝線〟になっている。その役目を和田に期待したわけです。

一軍半の選手を大抜擢した理由

開幕二戦目のロッテ・マリーンズとの試合で、伊原は相手のピッチャーが左の加藤康

監督になっても三塁コーチャーズボックスに立ちつづけた伊原春樹（左）

介ということもあったのだろうが、スタメンで三番に犬伏稔晶を起用した。犬伏は過去一一年間、スタメンで試合に出場したことがたったの一回しかない選手だった。その犬伏を伊原はあえて三番に起用した。

その期待に応え、犬伏は二安打一打点と活躍した。続く近鉄戦では左の前川勝彦からも二安打二打点を記録した。さらに六月二一日のダイエー戦では、吉田修司から代打逆転サヨナラホームランをかっ飛ばす大活躍だった。

——犬伏を〝左殺しの切り札〟として開花させたことは、まさに「伊原野球」を象徴しているように思えます。

伊原　彼には秋のキャンプのときにこう言ってあったんです。「おまえは左からしか打てないんだから、その練習だけしてくれ。あとはブルペンキャッチャーでもしててくれればいいよ」って。

犬伏はその前年には人員整理の対象になっていた選手だった。いわば〝リストラ要員〟に伊原は開幕早々、スタメンで三番を打たせ、その起用がみごとに成功した。

——代打ではなくて最初からスタメンで使っていますよね。

伊原　代打というのは簡単なものではないんですよ。せいぜい打席に立つのが一週間に一回くらいのものでしょ。それで結果を出せというのも酷な話なんですよ。せめて四回は打たせてあげなくちゃ。それでだめだったら、当人も納得するでしょうから。

犬伏は二〇〇三年当時一三年目の選手だったが、一四年目の選手に宮地克彦がいた。この選手もそれまで二軍でくすぶっていた。伊原は犬伏同様、積極的に起用した。その結果、彼は五月七日の対ファイターズ戦で七回に生涯初の満塁ホームランを放ったのだ。

――宮地の起用もみごとに当たりましたね。

伊原　宮地という選手は調べてみるとイースタンリーグでここ四、五年、常に打撃一〇傑に入っていたくらいの選手なんです。もともと技術的にはしっかりしたものをもっている。しかしあまり〝監督受け〟する選手じゃなかった。ちょっと起用されることはあったんだけれど、いい結果が出ない。それで二軍に落とされる。その繰り返しだったようなんです。そんなことではほんとうの力は発揮できませんよ。

うちでは左に高木大成という選手がいる。彼と宮地をくらべた場合、バッティング、肩、走り……どれをとっても宮地の方が上なんです。どんないい選手でも、二軍から上げたらすぐに試合で使ってやらないと、伸びるものも伸びていかない。
ただ犬伏や宮地のように、下積みを経験してきた選手は二軍のつらさを知りつくしているから、チャンスを与えてあげれば、死にものぐるいでやりますよ。見ているこっちが胸に込み上げるものがあります。

選手を人間としてまずとらえる

そればかりではない。伊原は前の年まで三番や四番を打っていた松井稼頭夫をもともとの打順である一番に定着させた。器用でパワーもある松井はどの打順でもそつなくこなしてしまうが、一番という打順が性格的にもいちばん合っていたようだ。その結果、打線につながりが生まれ、松井自身の成績も過去最高のものが残った。

――松井の一番というのは、まさしく適材適所でした。

伊原　よく適材適所ということをいいますが、あいつはトップに置いておいた方がいい仕事をするやつなんです。三番や四番じゃどうしていけないかというと、松井という男は非常に責任感が強いんです。
（三番だと）どうしても『ここでオレが一発打たなければ』と考えて打席に立ってしま

う。その結果、初球からガンガンいってしまう。もちろん積極性があるのは大事なことです。だけど相手のピッチャーからすれば、そんな松井の性格がわかりきっているから、初球から素直に勝負なんかしてきませんよ。フォークかなんかでタイミングをはずされたら簡単に引っかかってしまう。

それは技術の問題ではなくて性格の問題だから、直しようがないんです。そのことは松井自身がいちばんよく知っていることだと思いますよ。

ライオンズにはもうひとりの高木という名の選手、高木浩之がいる。伊原はラストバッターが最終的な攻撃のカギになると考え、この高木浩を抜擢した。

――高木の九番はどういう考えからのものなんですか？

伊原　打順についての一般的な考え方というものがあると思うんです。ピッチャーが神経を使って投球をするのは上位の打者から、という。そうすると六番あたりまでは緊張して投げるわけです。すべての打者に対して緊張して投げているわけにはいかないから、七番、八番あたりでちょっとひと息ついてしまうことになりやすい。

だから意外にこのあたりで攻撃のチャンスがめぐってくることが多いんです。そうすかと九番が打つか打たないかということが、攻撃の重要な課題としてあるんじゃないかとぼくは考えるんです。

高木浩之という選手は性格的には非常に強いものがあります。ですから、ここぞというチャンスのときに思う存分の力の出せる選手なんです。しかも小ワザも使えるから、チャンスを広げるような細工もできる。その結果、一番の松井につなぐこともできるわけです。

打撃を〝点〟ではなくて〝線〟として考えたときに、九番という打席は非常に大きな意味があると思うんです。打撃を（個人個人が）ガンガン打つというふうに考えれば、うちなんかよりも近鉄やダイエーの方がはるかに上だと思います。だけど〝線〟と考えれば、うちの打線は対戦相手にしてみればかなりイヤらしいものがあると思います。ぼくはつながらなければ打線じゃないと考えていますから。

伊原野球には、とにかくコマをダイナミックに動かすという特徴がある。ランナーに出るとひとつでも先の塁を奪おうとする。

——攻撃の原点は非常にシンプルだと考えていいんですか？

伊原　ええ、そうだと思います。こちらが動く姿勢を示すだけで、相手は「なにをやってくるんだろう……?」って疑心暗鬼にとらわれたりしますからね。それだけで効果があるんです。

――（二〇〇二年の）今シーズン、ご自身でとくに手応えを感じたエンドランのサインはありますか?

伊原　開幕のロッテ戦でミンチーを攻略したときじゃないかな。うちは四回までミンチーに対してひとりのランナーも出せないでいた。四回二アウトになった時点で、バッティングコーチを呼んで「次の回はカブレラから打順が回ってくるけど、あいつが塁に出たらエンドランをかける。和田には引っ張るか右に打つか、徹底するように言っておけ」と指示しておいたんです。

これがまんまと図に当たった。和田はみごとに右方向におっつけて一、三塁にしてくれた。このエンドランの成功で一気にミンチーを攻略するのに成功した。ミンチーのような大崩れしないピッチャーは逆にエンドランがかけやすいんですよ。

監督なんてすべて暫定政権

伊原春樹の現役一〇年間の通算成績は、四五〇試合出場、打率二割四分一厘、一二本塁打、五八打点という、失礼ながらお世辞にも〝一流選手〟といえるものではない。

現役を引退してからのコーチ生活も地味なものだった。スタートはライオンズの二軍コーチ補佐だった。その五年後に一軍に昇格してからは守備走塁コーチ、作戦守備走塁コーチを歴任している。

――伊原さんが監督になってからキャンプの練習内容がガラッと変わりましたね。

伊原　よくバッティング練習だけでグラウンドを独占して、二時間もやっているところがあるでしょ。それもたったふたりか三人の選手のためだけに。うちはレギュラー組は外で一時間、控えは室内で一時間やるだけです。これだけで一時間は短縮できます。

それから夜間練習はやらせないことにしています。夜中にブンブンとバットを振り回したりしたら、手のひらがマメでボロボロになる。翌日、昼間の練習のときにバットが握れなくなってしまう。だからぼくは選手たちにはこう言っているんです。

「マメが化膿してバットが握れなくなったら、罰金取るからな！」

現在（二〇〇三年）の一二球団のうち、実に五球団でかつての名プレーヤーが監督に就任している。

星野仙一（タイガース）、石毛宏典（ブルーウェーブ）、原辰徳（ジャイアンツ）、梨田昌孝（バファローズ）。

「名選手かならずしも名伯楽にあらず」といわれていながらも、いまだに日本のプロ野球界ではかつての名選手にしか監督要請の声はかからない。

――いわゆる「スタープレーヤー」じゃないと日本では監督になれないようなところがありますが、そのことについて伊原さんなりの見解があるんじゃないでしょうか？

伊原　それはもちろんありますよ。球団のオーナーの方々もそのあたりのところの考えをあらためてもらいたいと思います。ぼくは前の東尾監督を見ていて、もうすこしうまくやっていれば七年間の在任中、五回は優勝できていたはずだと思っています。

そのくらいの自負がなければ、ぼくは監督なんて引き受けたりはしませんよ。

マスコミではぼくのことを「伊東（勤）までのつなぎ」だとか「暫定政権」だとかいっていますが、そもそも監督という仕事はすべて暫定政権なんですよ。結果が出なければばやめなければならないんですから。

ぼくの仕事はライオンズをかつてのようによみがえらせ、優勝に導くこと。そのためにはどうしたらいいか、いつもそのことだけを考えていますよ。

「フィールドアナリスト」という生き方

伊原は監督になってからも三塁のコーチャーズボックスに立っていた。対戦相手のピッチャーや野手のちょっとした動き、自分のチームの選手の表情を見逃さない。監督の仕事はまず「見ること」「観察すること」だと心得ている。

彼にはどんなに疲れていても、コーチになって以来、毎日朝起きたら欠かさず行なう「朝の運動」がある。

まず眼球をぐるぐると回す。それから窓際に立って外の景色を一〇秒ほど眺めると、今度は自分の手のひらに目を転じてシワの数をひとつひとつていねいに数える。これも一〇秒。この繰り返しを一〇回ほどやる。

よく「試合を実際にするのは選手たちだ」ということをことあるごとに口にする監督がいる。だったら監督はなにをするのか。伊原の場合はまず「見ること」「観察すること」から始まる。

メジャーリーグでは試合の采配をふるう者を指して「フィールドマネージャー」と呼ぶ。現場を管理・運営するもの。情報収集、分析、戦略判断、作戦指揮をひとりでやってのける伊原については「フィールドアナリスト（戦況分析者）」という肩書きのほうが似合っているかもしれない。

伊原のすぐれた観察眼を伝えるエピソードとして、一九八七年に巨人を相手に戦った日本シリーズ第六戦のことがよく例に出される。

八回裏。二対一とライオンズが一点リードで迎えた二死一塁の場面。バッターの秋山幸二の打ち返した打球はセンター前ヒットになった。ふつうならこれで一、三塁となるところだ。

ところが一塁走者の辻発彦は、ためらうことなく俊足を飛ばし、二、三塁を駆け抜けて一気にホームベースを奪ったのだ。

このとき、いったいなにが起きていたのか――。

当時、巨人のセンターを守るウォーレン・クロマティの緩慢返球は毎度のことだった。ボールがセンターに飛んだ瞬間、サードベースコーチだった伊原が見逃さなかったのは、ショートストップ川相昌弘の顔だった。

——川相は辻をまったく見ていない。しめた！

躊躇《ちゅうちょ》せずに伊原は腕をグルグルと回し続けたのだ。

「あのとき、川相が一瞬でもサードの方を見ていたら、ぼくは辻を止めていたと思います」

後日、伊原はそう語っていた。

川相の守備のクセを、伊原はすでにオープン戦のときから見つけていたのだ。このシリーズ、西武は巨人に対して勝負に勝ち、また野球の質でも圧倒した。

三原脩——「ノーサイン」という選択

三原脩と言えば往年の西鉄ライオンズの名指揮官だ。

当時のプロ野球選手は全般的に豪傑が多かったといわれるが、その中でも西鉄はきわだっていた。

管理を嫌う〝野武士軍団〟の中でもとりわけ際立った存在感を発揮していたのが大下弘だった。三原は、この大下に対しては一切のサインを出さなかったという。打ちたいように打てというのだ。

大下は語った。

「だから、サインなんかいらないんだよ。うちのチームはサインをやめちまったらどうなんですか」

これに対して三原は憤然として、大下にこう言った。

「ばかなことを言うんじゃない！　お前だからこういうことが許されるんだ。ほかの連中にそんなことをしてみろ、とんでもないことになっちまうよ」

当時、三原の参謀役を務めていたマネージャーの藤本哲男はこう証言している。

「三原さんは周囲にこう言ってました。『大下は天才なんだ。天才にあれこれ注文をつけるもんじゃない。そんなことをしたらふつうの選手になってしまう』って。だから大下が試合のあと、大酒飲んで派手に遊び回ったりしていても、ひと言も注意はしませんでした」

またチームにはとびきりの頑固者がひとりいた。三原が「ここはバントをしろ」と命じると、平然とその指示を無視するという頑固ぶりだった。

その選手の名前は豊田泰光といった。

そこで三原はこう考えたという。

――要するにあいつは命令されることが嫌いなんだ。だったら逆のことを言ったらいいんだ。

昭和三十三年の日本シリーズの第五戦、九回無死二塁、一点のビハインドの場面だった。打席に向かう豊田に三原はこう耳打ちした。

「豊田、ここはいっちょうぶちかましてやれ」

豊田は怪訝《けげん》な表情を浮かべて言った。

「誰が考えたって、ここはバントじゃないですか。まず同点にしなくちゃ話になりませんよ」

三原は内心「してやったり！」とほくそ笑んだ。


日本で初の職業野球チームをつくったときに、当時早大野球部の二塁手として活躍していた三原はそれに参加してプロ野球選手としての契約をした〝第一号選手〟だった。

三原自身が持っていた指導者としての資質というものもあったであろうが、日本のプロ野球の黎明《れいめい》期を選手として過ごしてきた経験から彼は多くのことを学んでいたはずだ。

野球を職業とすることがどういうことなのか、プロ野球とアマチュアの野球は何が違うのか……。

三原がライオンズの監督をしていたときには、〝怪童〟中西太のような天才肌もいた。反骨精神旺盛な大下や豊田と違って、中西は監督やコーチに言われなくても毎日バットの素振り練習を欠かさなかった。たとえそれが深夜であってもバットを振るのを忘れなかったという。

当時のライオンズの大エースとして活躍していた〝鉄腕〟稲尾和久から、こういうエピソードを聞いた。

「たとえ前の晩に酒を飲んだとしても、いい結果を出していれば三原さんはなにも言いませんでした。だからぼくは酒のことで怒られたことはありませんでした。

でも、たまに二日酔いになってしまうことがあるんですよ。それでグラウンドに出ていこうとすると、三原さんはそれを察知してぼくがどの程度酒が残っているか知ろうとするんですよ。近寄ってきてとりとめのない話をしているといつのまにか風下に回って匂いを嗅ごうとしている。こっちは『これはまずい！』と思うから、風下に逃げようとする。そうするとあちらはあちらでまた風下に回る。結局、ふたりでグラウンドをグルグル回ることになってしまった。あれははたから見ていた人はなにやっているんだろうと思ったでしょうね」

厳格な規律をつくって、チームを一律にそれに従わせるのが管理野球だとするならば、三原のやっていたことは明らかにその逆である。

これが日本的な組織の特徴というべきなのか、目的を達成するための手段がいつのまにか目的になってしまっているということが往々にしてある。

そもそもがペナントレースを勝ち抜くために準備された春のキャンプが、あまりに苛《か》酷《こく》だったために、いざ開幕してみたらすでに負傷者続出というチームが以前あった。これなど手段と目的を取り違えた典型的な例といえるだろう。

仰木彬——野茂とイチローとの運命の出会い

三原の西鉄時代の選手が仰木彬である。仰木は八九年に近鉄バファローズをリーグ優勝させている。その後、オリックス・ブルーウェーブの監督になると九五年、九六年と続いてリーグ優勝を果たし、九六年には日本一も達成している。〝優勝請負人〟とも呼ばれた。

1968〜1970年まで監督を務めた近鉄時代の三原脩（左）

こんな場面を以前テレビで目撃した。

テレビ朝日の「ニュース・ステーション」にゲスト出演したときだった。久米宏のインタビューの後、ＣＭに入った。ところがＣＭがあけると久米のあわてた顔がいきなり大写しで番組が始まった。

「困っちゃったなあ。ほんとに仰木さん、いいかげんにしてくださいよ！　本番中なんですよ！」

見ている側はなにが起きたのかわからない。久米が説明するところによると、ＣＭの間の数分間、仰木はしきりに久米のとなりに座っていたキャスターの小宮悦子にアプローチをしていたというのだ。

仰木は悪びれた様子もなく、

「……一度、お食事でもご一緒できたらと思っていたので……」

と照れ笑いを浮かべながら弁解をしたのである。

久米一流の〝演出〟に仰木が乗せられたのか、あるいはそれが仰木の〝自然体〟なのかわからないが、珍しい名将である。

仰木は人を育てるのがうまかった。

近鉄時代に野茂英雄を、オリックス時代にイチローをスターにした。

野茂は近鉄に入団した当初から、投球フォームはいまの〝トルネード〟だった。ＯＢたちは野茂の投球フォームをひと目見るなりこう言った。

「そんな格好で投げていれば盗塁されちまうだろ！」

当然のこととしてフォームの矯正を試みようとしたが、野茂は頑としてそれを受け入れなかった。

野茂は当時まだライオンズに在籍していた清原和博と対戦したとき、そこでフォークを投げれば明らかに三振を取れるとわかっているのに、あえて直球勝負に出て打たれるということがよくあった。

私はそのことを直接、野茂に聞いたことがある。彼は悪びれることなく、こう語った。

「清原さんのようなバッターはほかにはいませんよ。そもそも見た目が違う。バッターボックスに立っただけで、大きく見える。威圧感があるんです。しかも自信満々で構える。ピッチャーとしては、どうしたって向かっていかざるをえないでしょ。勝っても負けても、力対力の勝負をしたくなるんです」

この話をどう思うか、仰木に聞いてみた。

「ここで変化球を投げてくれればいいのにと思うことはありますよ。しかし、おたがいにライバル心があるんでしょうな。野茂も清原も一歩も引かない。若い力で思いきりぶつかろうとする。勝つこともあれば負けることもある。それでお客さんが喜んでくれるのならば、それもいいんじゃないでしょうか」

野茂のトルネード投法同様、イチローの振り子打法も当初は評価が悪かった。

――おまえはおまえのままでいい。

その瞬間に「鈴木一朗」という日本によくある名前の野球選手が、世界にたったひとりの「イチロー」として生まれ変わったのである。

野茂にしてもイチローにしても、仰木との出会いがなければ、私たちを熱狂させた劇的な「人生の選択」はなかったかもしれない。あるいは、強烈な個性と信念の持ち主だからこそ、自分を生かしてくれる上司を引き寄せたのかもしれない。

育てる側と受け入れる側の選択

ちょっとここで話を野球からマラソンに移してみたい。というのは、ご存じ高橋尚子と小出義雄の師弟コンビに、「人を育てるためになにをすべきか」の根源的なヒントがあるように思えるからである。これはなにもスポーツにかぎらず、実会社においても大いに参考になるはずである。

高橋尚子はシドニー五輪での金メダルに続き、二〇〇一年のベルリンマラソンでは史上初めて二時間二〇分の壁を破って、二時間一九分四六秒という世界記録（当時）を出し、世界のトップアスリートになった。

その高橋を育てたのが、あの独特のキャラクターで有名になった監督の小出義雄だ。小出はかつて九二年のバルセロナ、九六年のアトランタの両五輪でメダルを獲得した有森裕子、あるいは九七年のアテネ世界陸上で金メダルに輝いた鈴木博美といった選手を育てあげた名伯楽である。

その小出が高橋について以前こういうことを言っていた。

「高橋について、ぼくはずっと前から才能のある子だと思っていました。だけど練習ではいい走りをするのに、どういうわけか試合に出るといい結果がでなかった。要するにタイムが出なかったんですよ」

小出が指導者として非凡なのは、高橋が練習ではいい結果が出るのに試合ではいいタイムが出ないのは、高橋のもっている好調の波が普通の選手の周期よりも短いということをいち早く見抜いたことだった。

また、小出は高橋についてこんなエピソードを紹介してくれた。

「彼女の場合、いまでもちょっと残っているんだけど、走っているときに左腕の振りが小さくて、右腕を大きく振るという変なクセがあったんですよ」

そして、続けた。

「彼女は中学、高校、大学と、ずっとそのクセを直せと言われつづけていたんです。だから自分でも十分すぎるくらい承知していて、直そうとはしていたらしいんですけどね。

そこでぼくは『左の腕の振りはすごくいいよ』ってまずほめたんです。腕の振りが小さいということは、それだけ効率的な走りができるということですから。それまで『フォームを直せ』ということばかり言われつづけていたから、最初彼女はキョトンとした顔をしていましたよ」

コーチのひと言でいくらでも変わる選手の心理を小出は熟知していた。優秀なコーチは競技についてのエキスパートであるよりも前に、まず人間観察についての専門家だった。

「とはいっても、そのままの走りではやはり左右のバランスは悪いから、なんとかしなければならない。そこでそれまで練習では道路の右側を走っていたんですが、左側を走るように変えてみたんです」

「結局三年かかっちゃったけど、ずいぶんとバランスはよくなった」

「指導者っていうのはね、選手よりも粘らなければいけないし、がんばらなければいけないものなのよ。それでいて選手に対しては細心の注意をはらう必要がある」

小出が何人ものトップランナーを育てあげたことが、偶然ではないことが納得できる。

第六章

二番手からの野球人生

高津臣吾——ゆるい球を投げる決断

日本野球を代表するクローザー、高津臣吾の野球人生は「二番手」というポジションから始まっている。高津は、高校、大学とずっと二番手ピッチャーとしてすごしてきた。広島工業高時代の三年のとき、春と夏の甲子園に出場はしているが、みずからは一度もマウンドには立っていない。チームに上田俊治という右投げの本格派がいたため、高津はファーストの守備についていたのだ。

「打順は二番だったんだけれど、甲子園の成績は春夏合わせて一三タコという結果でした。バントばかりやらされていたから」

大学に進み、東都大学リーグの亜細亜大学に入った。しかし、ここでも当時の大学野球界屈指のサウスポーと言われた小池秀郎（現近鉄）がいたので、高津は二番手に甘んじることになる。

プロ入りに際しては、地元広島カープから「横手投げはいらん」と言って断られ、結局はスワローズに三位指名で入団している。

入団当初、高津は早いボールを投げることにこだわっていた。しかし思うように投げられない。ピッチャーとしての自信をなくしかけていたときに、当時の監督だった野村克也が、こんなことを例の口調で高津に言った。

「一〇〇キロくらいのゆるいボールを投げてみろ。そっちのほうが打者は抑えられるぞ」

最初、高津は半信半疑だった。しかし、勇気をふりしぼってゆるいボールを試合で試すとおもしろいように三振が取れることがわかった。

「バッターにしてみればゆるいボールというのは、実際に打つのにものすごく勇気がいるようですよ。真っすぐを待っているときでも、いきなりゆるいのがくるとよっぽど甘いコースじゃなければ手が出ないみたい」

高津はシンカーやスライダーといった球速の落ちる球を投げるときも、腕の振りはストレートとまったく同じモーションで投げるから、打者は非常にタイミングがとりづらい。

そうしたゆるいボールを持ち前のコントロールで自在に操り、彼が抑えのピッチャーとして定着するようになったのは、九三年のことだった。その結果、それまでは抑えといえば一五〇キロの豪速球を投げる投手というイメージを一変させてしまった。

「要するに打者に対して、ストライクに見える球を投げて、ボールを振らせるというのがぼくの仕事です。それがすべてなんです」

「早いカウントで追い込みたいということはいつも考えています。ですから、ファウルを打ってくれるとすごく助かります。スイングを見れば、打者がどんなボールを狙っているか見当がつきますからね」

さらには、こんな言葉も。

「ぼくの場合、最初から三振を取ろうなんて考えてはいませんから。ひっかけさせるか、あるいは詰まらせるか。そのどちらかでいいんです」

「状況的には苦しいわけなんですけれど、ランナーがいるときのほうが勝負としてはやっていて楽しいですね。どういうカウントにもっていって、なにを投げて内野ゴロにしようかということを考えるわけです。それがまんまと当たったときは、まさに快感ですよ。こたえられません。さらにゲッツーが取れたときは最高の気分です」

二〇〇三年シーズン開幕前の時点で高津は二二六セーブをあげ、佐々木の残した二二九セーブについで歴代二位の成績を残している（最終的にNPB通算二八六セーブ）。

「記録というのはあまり意識はしていません。ぼくは緊張と興奮がなければ自分の力を発揮できないタイプのピッチャーだと思っています。だから、そういう場面があるかぎ

速い球を投げないストッパー高津臣吾

り投げつづけたいと考えています」

相手の狙いが見抜けなかったら負け

二〇〇一年のペナントレースの事前予測で、ヤクルトの優勝を予想する評論家はほとんどいなかった。

前年までエースだった川崎憲次郎はFA権を行使してドラゴンズに移籍してしまい、ローテーションの柱のひとりだった伊藤智仁は、足の故障のために春のキャンプの段階で調整の遅れが伝えられるなど、この年のヤクルトには不安材料ばかりが目立っていた。

ところが開幕と同時にヤクルトの快進撃が始まった。四、五月を勝ち越して、六月一日には早くも勝率トップに立つと、その月の中旬には七連勝で首位を突っ走る。

六月二七日のベイスターズ戦で球団は通算三〇〇〇勝を記録、それに花を添えるように高津は二〇〇セーブポイントを達成した。そして首位のまま前半戦を折り返し、順調に白星を重ねた。八月一六日には早くもマジックが点灯。そしてこの月に高津は九セーブをあげ、月間MVPに輝いた。

そのまま優勝まで一気に駆け抜けるかと思われたが、九月に入ったとたんに優勝へのプレッシャーからかチームは勢いを失う。九月五日から一一日まで六連敗。二二日からの対巨人の三連戦では「ひとつでも勝てば優勝」という試合で三連敗を喫した。

そのときのことを高津はこう言っている。

「二四日のゲームではツーアウトから江藤と元木に連続でツーベースを打たれて負けてしまった。はっきり言ってショックでした。とくに元木にはうまくおっつけられてしまい、右中間にもっていかれた。こちらとしては引っかけさせようとして投げたんですけれど、そもそも元木には最初から引っ張るつもりはなかったみたいです。それが見抜けなかった時点でこちらの負けなんです」

ところが、態勢を立て直して臨んだナゴヤドームでのドラゴンズ四連戦で四連勝。あとはそのまま突き進み、一〇月六日の横浜スタジアムでのベイスターズ戦に六対四と勝って優勝を決めた。もちろんその試合を最後にしめくくったのは高津だった。

元木大介――「プロではやっていけない」と思った男の選択

元木大介は一九九一年、大阪の上宮高校を卒業して、一年間の〝浪人生活〟を経てジャイアンツに入団している。

元木といえば、高校時代は強肩強打の内野手として活躍し、夏の甲子園をわかせた。将来はプロで四番を打つ大型ショート。プロのスカウトたちもそう考えていたし、本人も当然、そのつもりでいた。

ところが浪人生活を終えてジャイアンツに入ると、彼はすぐにクリーンアップをあきらめてしまう。

「まったくプロのスピードについていけないんです。ある日、ファームで斎藤雅樹さん（現巨人投手コーチ）が調整でバッティングピッチャーをやっていました。ところが斎藤さんの投げる球にまったく手が出ないんです。とにかく打とうとしても打てない。これがプロで二〇勝するピッチャーのボールなのかっていうショックを受けました。

ところがほかのバッターはその球をガンガン打ち返しているんです。それを見て完全に自信を喪失しました。正直言って自分はプロではやってはいけないと思いました」

入団した一年目は、一軍の試合に一ゲームも出ることができなかった。二年目になってやっと三四試合に出場したが、もちろんホームランは一本もない。

「あの時点ですでにぼくはホームランを打つことは捨てていました。ホームランにこだわっていたら、とうてい一軍ではやっていけないと感じていたからです。もし自分がプロでやっていく道があるとしたら、それはヒットが打てること、チャンスに強い選手になることだと考えるようになっていました。プロの世界はそんなに甘くはないですから」

最初はビビっても、体づくりにはげみ、あくまでもホームラン打者としての道を模索する選手もいる。しかし、元木は違った。ホームランにこだわることを捨て、ヒットの打てる選手になろうと考え方を完全に切り換えた。しかも「チャンスに強い選手になろう」と。

ちなみにかつて江川卓は元木についてこう語っていた。

「ヒットを打つ技術はイチローに匹敵する」

これが斎藤雅樹のボールに手も足も出ず、自分はプロでは通用しないのではないかと自信喪失に陥っていたルーキーの何年後かの姿だ。

――もともとあいつには素質があった。

といってしまえば、それまでのことだ。

「この世界で、たいした努力もなしで一流になった人なんてひとりもいないよ。そういうことを言うのは嫌いだから言わなかったけど、オレだってどれだけバットを振ったことか。オレよりもバットを振った人なんて王さんだけだと思う」

と現役引退後、明解に言い切ったのは落合博満である。

素質があることと、プロで成功することは違う。それは、毎年鳴り物入りで入団してくるルーキーの何人かが、数年たつとひっそりとこの世界から去っている事実が如実に物語っている。

元木の場合にもそうなる可能性はあった。しかし、彼はホームランを捨てるという「人生の選択」によって、したたかに生き残ったのである。

「くせもの」人生の選択

元木には忘れられないヒットが二本ある。一本は一九九八年五月八日の中日戦のときだった。2—1とジャイアンツ1点リードの八回裏。ドラゴンズはマウンドにサムソン・リーを送った。この長髪がトレードマークのピッチャーは、この年「韓国ナンバーワン左腕」というふれこみで日本にやってきたばかりだった。

元木はサムソンに2—1と追い込まれていた。力でガンガン攻め込んでくるその投球はまさに〝韓流〟だった。元木はこの打席ではストレート一本に狙いをしぼっていた、五球目だった。サムソンの投じたストレートをフルスイングすると、打球は一直線にレフトスタンドに飛び込んでいった。

「ホームランをあきらめて、ヒットを打つことにした」バッターのプロ入り初ホームランだった。

試合のあとで元木はこう語った。

「三振だけはしたくなかった。サムソンにしてみれば、ぼくが最初のジャイアンツのバッターになるわけですから。自信をつけられたらぼくの責任です」

二本目は一九九八年六月一三日、東京ドームの対ヤクルト戦のことだった。0対0で迎えた九回裏。二死一塁の場面で元木はバッターボックスに立った。

この日のヤクルトはジャイアンツキラーとして定評のある伊藤智仁を立ててきた。伊藤の投げる一五〇キロ近いストレートと高速スライダーの前にジャイアンツ打線は手も足も出ず、それまで五安打に封じられていた。

伊藤の二球目は、元木の心中を見透かしたような真ん中のストレートだった。

――読まれている！

このとき元木の頭脳にスイッチが入った。

「実はこのとき初球の真っすぐも見逃しているんです。それでたぶん古田さんは〝こいつは変化球狙いだ〟って踏んできたんだと思います」

実際、そのとおりだった。元木は変化球を待っていた。

マスクの下から古田が嘲笑《あざわら》っているような気がした。

「ショックでしたよ。これでやられてしまったら、あとですごく後悔するんじゃないかとそのとき思いました」

元木は一転して、狙い球をストレートに変えた。

――裏をかいてやる！

元木がこの二球目を見て狙い球を変えてくるとは、さすがの古田も思わなかったようだ。かさにかかるようにして古田は三球目もストレートを要求した。

伊藤が投じた一四一キロのストレート。フルスイングした打球は一直線の弾道を描いてレフトスタンドに吸い込まれていった。

プロ入り二本目のサヨナラホームランだった。元木の〝読み勝ち〟だった。

試合のあと、ただでさえトーンの高い長嶋監督の声はよりいっそう高くなり、こう叫んだ。

「うーん、さすがに元木は〝くせもの〟ですねぇ！」

かつての天才バッターは、たった三球の沈黙の攻防をダグアウトから見守っていた。その勝負に勝った元木を「くせもの」と感嘆符付きで絶賛したのである。

〝くせもの〟というニックネームについて、当の元木本人はこう語っている。
「なにかやりそうだ、という程度の意味でそう言っているんじゃないんですか。でも、ぼく自身はあまりピンとこないんですけど」

打撃開眼までに時間を要した元木だが、内野守備に関しては当初から評価が高かった。セカンド、ショート、サードとどこでもこなすことができた。

九七年の横浜ベイスターズ戦のことだった。元木はショートの守備についていた。無死一塁でヒットが出て一塁走者の鈴木尚典は二塁に進んだ。そしてバッターはチャンスに強い駒田徳広。

――嫌だなあ……。

元木は、試合の流れが明らかにベイスターズに傾きはじめているのを感じていた。ところがである。

「横浜のベンチはぼくがボールを持っていることに誰も気づいていないんです。マウンドにいる斎藤さんに目で合図を送って、あとは知らんぷりをしていました」

元木の狙いに気がついた斎藤雅樹は、さっそく「演技」を始めた。マウンドになかなか戻らずに周辺をウロウロするだけ。その様子を見ていてベテランキャッチャー村田も〝芝居〟に加わる。

「こっちはもうドキドキしっぱなしでしたよ。ひとつ間違ったらボークになってしまう。ピッチャーがマウンドを降りているときに仕掛けないとだめなんですから」

村田は座ってサインを出すふりをした。すると身にしみついた習性といっていいのだろう、ランナーの鈴木は、キャッチャーがサインを出すと同時に自動的に離塁した。

鈴木尚典が二塁を離れた瞬間を、すかさずタッチに行く元木。一瞬、なにが起きたのかを理解できずに茫然《ぼうぜん》と立ちすくむ鈴木――。

「いままであんなに緊張したことはなかったです」

元木の〝くせもの〟ぶりは、まさにこの隠し球に象徴されていた。

実は、元木は隠し球を、甲子園のセンバツで成功させている。高校二年のときだった。プロ入り後ならばともかく、隠し球をアマチュア時代に全国大会で成功させたことのあるプロ野球選手というのは、そうはいないだろう。

年々存在感を増していった〝くせもの〟元木大介

「相手は高知商業でした。このときはもうたいへんでしたよ。『高校生らしくない！』『正々堂々とやれ！』とかいう電話が学校にかかってきてしまって、学校は大パニックになってしまったそうです」

もともと〝くせもの〟の資質あり、だったのである。ホームランを捨て、プロで生き残るための人生の選択としての「くせもの」――。悪くはない人生の選択だった。

第七章

「遅い球で勝負」する男

「オレの投げた球をあの野郎、素手で捕りやがった！」

二〇〇二年のシーズンをもって現役を引退した左腕・星野伸之。彼の投手通算成績は、一七六勝一四〇敗二セーブと実に見事なものである。

星野は一九八四年、ドラフト五位で当時の阪急ブレーブス（現オリックス・ブルーウェーブ）に入団した。八七年から九七年までの一一年間にわたって連続ふた桁勝利を記録している。その原動力は、超スローボール。「遅球王」とも呼ばれた。

ところで、スローボールといえば思い出す投手がいる。かつて大洋ホエールズ（現横浜ベイスターズ）で活躍した高橋重行である。

高橋は星野とは違って大柄で、チームメイトからは〝グズラ〟と呼ばれていた。六四年には新人王を取ったものの、その後は伸び悩んだ時期もあった。

その高橋が七〇年代後半から、超スローボールを投げ始めたのである。当時使われ始めたばかりのスピードガンで六〇キロ、七〇キロという草野球のピッチャーにも劣るボールを、彼は平気で投げてきた。まがりなりにもプロ野球のピッチャーが〝ハエのとまるような〟ボールを投げるのには、それなりの勇気が必要だったはずである。

しかし高橋は茫洋《ぼうよう》とした表情で超のつくスローボールを投げ続けた。あまりにも遅いためにスピードガンが計測不能になったこともある。それでも「時速三〇キロを出したい」と不敵な笑みを浮かべて高橋は遅球を投げ続けた。

その高橋の投げるボールに当時のジャイアンツのクリーンアップが手こずったことがある。そのため高橋は「ジャアンツキラー」と呼ばれた。

ちなみに高橋はそののちホエールズを引退後、タイガースのピッチングコーチに就任し、優勝にわいた八五年のタイガースを裏で支えていた。


星野の話に戻ろう。彼の投げる球がどれだけユニークなものだったかを伝える有名なエピソードがある。

一九九三年、対ライオンズ戦でのこと。ブルーウェーブの先発としてマウンドに立った星野が投げたボールを、キャッチャーの中嶋聡があろうことか素手で捕球してそのまま投げ返してしまった。

それくらい星野の投げるボールは遅かった。

「バカタレ！　ピッチャーの投げた球を素手で捕るやつがいるか！」

マウンドの星野は激怒して怒鳴ったが、この瞬間、両軍の選手たちは大爆笑。審判までもが笑い転げてしまった。

あとで星野はこの事件についてこう話している。

「中嶋の野郎、『ミットを動かしたんですけれど、届きませんでした』としゃあしゃあとした顔をしてぬかすんだよ。あとでVTRで見てみたら、あいつは全然ミットなんか動かしちゃいないんだよ。ホントに腹の立つやつだよ」

せめてもの救いは、このとき星野が投げたボールがストレートではなくてカーブだったことだ。

「でも、ぼくの投げる球はほんとうに素手で捕れてしまうような球なんですよ」

そう言って星野は苦笑いしていた。


「おまえが遅い球を投げるから試合が長くなるんだ！」

「北の奪三振王」と題されたスポーツ紙の記事を、私は一九八三年のドラフト会議の直前に目にした。北の奪三振王とは、旭川工業高校の星野という投手のことで、彼はドラフト五位でプロ入りをはたし、すぐに活躍を始めた。

あるとき私は星野をインタビューする機会を得たのだが、そのときの記事のことが自然と頭の中に蘇《よみがえ》ってきていた。

――高校時代はずいぶん早いストレートを投げていたそうですね？

星野　いや、速くはなかったです。しかしそれでもけっこう三振は取れていました。カーブと真っすぐを組み合わせたりして、それなりに自分としては本格派のつもりでやっていましたが……。

私はあえて単刀直入に聞いてみることにした。

――いつごろ、自分の投げる球が遅いと気がついたんですか？

星野　プロ入りして三年くらいのことだったと思います。実は一軍で投げるようになって、すごく恥ずかしい思いをしたことがあるんです。自分の投げたボールの速さが球場にある速度表示に出ないんです。最初はどうして出ないのかなって思ったくらいでしたけれど、だんだん気になりだして。

だから、あのころはマウンドに上がると、対戦相手と戦う前に球場のスピードガンとの戦いがまずあったという感じでした。それでもっと速いボールを投げようとして、フォームを変えてみたりもしました。

——観客席からのヤジはすごかったんじゃないですか？

星野　いえ、それは気にはなりませんでした。ただ一回、秋田の球場で自分でも笑ってしまったヤジがありましたけど。その試合はやたらと時間がかかってしまったんです。そうしたら客席から「おまえがそんなに遅い球を投げるから、試合時間が長くなってしまうんだ！」と。それを言われたときには、マウンドで思わず自分で納得しそうになってしまった（笑）。うまいこと言うもんだって。

星野はただスローボールを投げるだけではない。ピッチングフォームも独得でボールの出どころがわからない。打者からすれば、ただでさえタイミングを合わせにくいところへ超スローボールがくるのだから、やっかいなのである。

——ボールを体に隠すようにして投げるようにしたのはいつからなんですか？

星野　そのことはよく聞かれるんですけれど、ぼく自身よく覚えていないんです。たぶん、入団して五、六年くらいしてからだと思います。自分ではとくに隠そうという意識はなかったんです。

ただ以前、背中にもっていったボールの握りを見られて球種がばれてしまっていたことがあるんです。それを直そうとしているうちにいまのようなフォームになってしまったということはあると思います。

星野は「球持ちのいいピッチャーだ」といわれていた。たとえ投げるボールが遅くても、普通のピッチャーとくらべてより打者に近いところでリリースするため、打者は実際のスピード以上の速さを感じてしまうのだ。

――フォームについてのアドバイスは誰から？

星野　プロに入ったときのコーチが足立光宏さんでした。足立さんに最初言われたことは「おまえは力で投げるタイプのピッチャーじゃない。フォームで投げるピッチャーだ」ということでした。最初はどういう意味なのかわからなかったんですが、しだいに理解できるようになりました。

だけど、ぼく自身は「リリースをできるだけ前で」という意識はしていません。意識してしまうとフォームが崩れてしまうんです。意識をしていることといったらリリースまでをリラックスした流れのフォームをつくるということかもしれません。

ぼく自身の意識では前の方でリリースしようというよりも、普通のリリースポイントより前で離せばいいって思っています。全身の力がボールに伝わるようにって考えています。

――「脱力投法」？

星野　そういうことです。なんて言ったらいいのか……体には芯《しん》があるんだけれど、ほかの部分には力が入っていないっていう感じです。

「『どうぞ打ってください』って投げるように心がけています」

星野の投げるストレートはMAXが一二〇キロ台後半だったが、ほかに一二〇キロ台前半のものと一一〇キロ台のものがあった。つまりストレートだけでも三種類あった。一一〇キロのストレートのあとに一三〇キロ近いストレートを投げれば、十分に「速球」としての効果がある。要するに〝一人時間差攻撃〟なのだ。

――スピードの〝速度差〟はいつごろから意識するようになったんでしょうか？

星野　それもいつごろからかはよく覚えていないんです。感覚的に判断をしているものですから。スピードの変化についてはキャッチャーからの指示はありません。だから

「何キロのストレート」なんていうサインはないんです。

——星野さんのようにストレートに〝速度差〟をつけるピッチャーというのはめずらしいですね。

星野　ぼくの球速差をつける投げ方は、いってみれば苦肉の策なんです。きっかけはフォアボールを避けようとして、なんとなくそういうことになってしまったんです。たとえば1—3や0—2というカウントでピッチャーとしていちばん嫌なのは、バッターに見送られることなんです。不利なカウントになるかフォアボールになってしまう。ストライクを取りにいってボールひとつはずれていたなんていうのは最悪です。ランナーがいない場合だったら、フォアボールで塁に出すくらいならヒットを打たれた方がまだましなんです。「打ってくれたら」ってど真ん中のボールを投げたとしても、野手の真正面をつくことだってありますから。ジャストミートされてもヒットになるとはかぎらないんです。

それで「打ってくれ」っていう気持ちから、思い切って遅いストレートを投げてみたことがあるんです。ただふつうにど真ん中を投げてドッカンと大きいのを打たれるのは嫌ですから、ちょっと抜き気味のストレートを投げてみた。そのときはバッターのタイミングがちょっとでも狂えばいいやという程度の気持ちだったんです。
ところがこれがうまくいってしまった。おもしろいようにバッターのタイミングが狂ってしまう。これは使えるぞと……。

――その場合でも腕の振りは同じなんでしょ？

星野　自分では一生懸命に振っているつもりなんですけれど、キャッチャーやバッターには、どこか加減をしているように見えるらしいんですね。
ただ、意識としてはキャッチャーミットに〝置きにいく〟ように抜いて投げていることは事実です。ちょうどキャッチボールをしているような要領です。

――ボールを置きにいくな、とは、まずコーチがピッチャーに言うことですよね？

星野　バッターというのは、自分に有利なカウントになるとかならずといっていいほど、狙い球をしぼってくるものなんです。どんな球がきても打ってやろうなんて考えたりはしない。
ぼくの場合は、自分に不利なカウントになったら〝打たれないぞ！〟ではなくて〝打

〝遅い珠〟で一世風靡した星野伸之

たれてもいいや〟という気持ちで投げるように心がけています。

――「打たれてもいいや」……（笑）。

星野　そう。へたに気合いを入れて力で抑えようとすると、逆にタイミングを合わされちゃうんです。だから〝どうぞ打ってください〟のほうがいいんです。

――……「打ってください」ですか。

星野　ぼくの場合はそれしかできないんです。そりゃ一四〇キロのボールを投げることができたら、ぼくだって力で抑え込むようなピッチングをしますよ。

――一二〇キロ台のストレートが星野さんのピッチング観を変えてしまったわけですね。

星野　カーブのスピードは別に何キロでもいいと思うんです。でも、ストレートが一三〇キロも出ないということはピッチャーとしては致命的だと思います。これが草野球なら〝速球派〟でいけると思うんですけれど、ぼくのやっているのはプロ野球ですから（笑）。

オリックスにいたころ、平井正史（現中日）という一五〇キロ台のストレートを投げる抑えのピッチャーがいました。バッターはつぎはストレートがくるとわかっていても手が出ないんです。実際あれは見ていて羨《うらや》ましかったです。

この話を聞いていて思い出したのだが、オリックスに高木晃次というドラフト一位で入団した左ピッチャーだ。一五〇キロ近い速球で将来を嘱望《しょくぼう》されていた。しかし彼はコントロールに難があり、そのためになかなか芽が出なかった。

ところがこの高木がヤクルトに移籍してしばらくすると、見違えるようなピッチングを披露するようになった。それまでのフォームを横手投げに変えて、一五〇キロ台あったストレートも一三〇キロ台に落とした。その結果、安定したピッチングができるようになったのである。

――高木晃次さんを覚えていますか？

星野　彼はオリックスにいたころは、初球から全力投球をしていました。一五〇キロ近い速球をビュンビュン投げていた。ところがコントロールがよくないので、全部ボールになってしまう。しかたがないのでストライクを取りに一三〇キロくらいのストレートを投げると、それを狙われるというパターンでいつもやられていました。

彼の場合、一五〇キロのボールを持っているといっても、実際に打者と勝負をしているのは一三〇キロの「棒だま」だったんですね。それだったら、最初から一三〇キロのストレートでカウントをかせぐような投げ方をして、最後に一五〇キロで勝負をするような組み立てで投げるべきだったんです。

しかし、どういうものか一四〇キロ以上の速球を持っているピッチャーというのは、そういうふうには考えないんです。バッターの立場に立って考えないで、まず自分のことを考えてしまうんですよ。

——星野さんのピッチングは、いつもアウトカウントとボールカウントが頭にあるような投げ方をしているように見えますよね。

星野　そうですか。たとえば足の速いランナーが一塁にいたとします。そのときは第一球目からど真ん中にストレートを投げてもいいと思うんです。打者にしてみればスチールがあるから、なかなか一球目から手は出してきません。しかしエンドランをしかけられたらそれが裏目に出て、結果として墓穴を掘ることになりますけれど。

しかし、そこらへんは勝負をやっているのですから、しかたがありません。そんなことを怖がっていたらピッチャーなんかやってられませんよ。

「一度くらいは一四〇キロの速球って投げてみたい」

あるパ・リーグ出身のバッターは、星野のピッチングについてこう語っていた。

「星野を打とうとするなら、まずピッチャーに対する概念を捨てなくてはならない」

一般的にバッターというものは、相手のピッチャーのいちばん速い球を思い描いて打席に立つ。それがたとえそのときの狙い球が変化球であったとしても、そうしておけば対応ができるというのだ。それはある意味でバッターの習性のようなものかもしれない。

ところが星野の場合はそれが通用しないというのだ。ふたたび星野の話を聞いてみよう。

——星野さんのボールは頭ではわかっていながら、いざとなると対応できないと言っている選手がいるんですが……。

星野　ぼくはバッターじゃないから、実際そのへんの感覚はよくわからないですけれど、言いたいことはわかります。おそらくバッターにしてみれば、遅い球を投げてこられるといろいろと考えてしまうんでしょうね。打ち損じたらもったいないとか。

そこにぼくのつけこむ余地があるんです。バッターをはぐらかすとか、狙い球をはずすといった感覚は、速球派のピッチャーには理解できないでしょうね。

星野は野茂英雄や伊良部秀輝や松坂大輔といった豪速球投手と投げ合ってきた。彼らもピッチャーであり星野もピッチャーだ。しかし、その〝芸風〟はまったく異なる。

――野茂や伊良部や松坂をどう思います？

星野　ぼくよりも考えることが少なくて投げている……ということかな（笑）。要するに彼らは困ったら、最後には真っすぐを投げて勝負にいけばいい、打たれたらしょうがないというところがあると思うんです。

ところがぼくの場合は、普通にじっくりと待たれたら打てるボールしかないんです。その中から打たれる可能性の少ないボールやコースを一生懸命選ばなくちゃならない。つまりぼくは常に不安と背中合わせなんですよ。

――速いボールを投げるピッチャーを羨ましく思うことはあります？

星野　いや、もうこの歳になって速いボールを投げて三振を取りたいなんて思わないですよ。ただ一度くらいは一四〇キロの速球というのを投げてみたいと思うことはありますけれど。どんな感じなんだろうってね。

苦肉の策といいながらも、星野はオンリーワンのピッチングをあみだし、そして自分の仕事場を確保した。これも「適者生存」の原則にかなった生き様ではないだろうか。

初出一覧

■1章

P18～31　辻発彦　「『球際の強さ』は執念が決める」（週刊現代　2017年6月17日号）

P31～39　栗山英樹「日本一になれた理由」（週刊現代　2017年12月31日／2018年1月7日合併号）

P39～53　栗山英樹「大谷翔平との『5年間』　清宮幸太郎との『これから』」（週刊現代　2018年1月20日号）

P53～66　千賀滉大「ゼニの取れるフォークボール」（週刊現代　2017年10月14日／21日合併号）

P66～72　武田翔太「『穴熊式』ピッチング」（ビックコミックオリジナル　2016年4月5日号）

■4章

P131～136　新浦壽夫「地獄を見た男」（ビックコミックオリジナル　2017年8月5日号）

P136～142　鈴木尚広「塁上のマエストロ」（ビックコミックオリジナル　2015年10月5日号）

編　　集　飯田健之
DTP制作　三協美術

プロ野球 人生の選択
昭和・平成プロ野球 あの選手はなぜ生き残ったのか？

2018年10月10日　第1版第1刷

著　者　二宮清純
発行者　後藤高志
発行所　株式会社廣済堂出版
〒101－0052　東京都千代田区神田小川町
2－3－13　M&Cビル7F
電話 03-6703-0964（編集） 03-6703-0962（販売）
Fax 03-6703-0963（販売）
振替 00180-0-164137
http://www.kosaido-pub.co.jp
印刷所
製本所　株式会社廣済堂

装　幀　株式会社オリーブグリーン
ロゴデザイン　前川ともみ＋清原一隆（KIYO DESIGN）

ISBN978-4-331-52185-4 C0295